MW01278376

Rituales con velas

Michèle V. Chatellier

Rituales con velas

Traducción de
Aurora Antón Morales

ROBIN BOOK

Si usted desea que le mantengamos informado
de nuestras publicaciones, sólo tiene que remi-
tirnos su nombre y dirección, indicando qué te-
mas le interesan, y gustosamente complacere-
mos su petición.

Ediciones RobinBook
Información Bibliográfica
Aptdo. 94.085 - 08080 Barcelona
E-mail: robinbook@abadia.com

Título original: *Rituels des bougies*.
© 1996, Les Éditions Quebecor.
© 1998, Ediciones RobinBook, SL.
 Aptdo. 94.085 - 08080 Barcelona.
Diseño cubierta: Regina Richling.
Fotografía: Carl Warner/Masterfile.
ISBN: 84-7927-240-6.
Depósito legal: B-5.575- 1998.
Impreso por Liberduplex, Constitució, 19, 08014 Barcelona.

Impreso en España - *Printed in Spain*

Dedicatoria

En memoria de mi amiga Hungaria,
casi una hermana para mí,
con quien a menudo practiqué
la magia de las velas.

1
El simbolismo y la historia de las velas

Candela: La vela o candela viene del latín *candere*, que quiere decir brillar. La magia de las velas se practica, de una u otra forma, desde hace muchos siglos. En los misterios religiosos de la Antigüedad, la luz era el símbolo del conocimiento, de la espiritualidad. También representaba el contacto con la divinidad.

Cirio: El cirio simboliza la luz. La mecha funde la cera y, de este modo, participa del fuego: espíritu y materia se unen. En un gran número de ritos, la llama se asocia al símbolo del alma y de la inmortalidad.

El simbolismo de la vela va unido al de la llama. Los elementos que la componen son en sí mismos una síntesis de todos los elementos de la naturaleza, que se individualizan en la única llama. La vela iluminada es como un símbolo de la individuación, en el sentido de que la vida cósmica elemental se concentra en ella.

Del mismo modo que las velas iluminadas que se colocan alrededor del difunto simbolizan la luz del alma en su fuerza ascensional, la pureza de la llama espiritual, que se dirige hacia

9

el cielo, demuestra la superioridad de la vida individual en su grado máximo.

Muy pronto los griegos y los romanos, así como los pueblos orientales, utilizaron las lámparas (*lucernae*, en latín).

La introducción de las velas en los ritos, en la época de la fe cristiana, fue difícil. Muchos la desaprobaron y se opusieron a su utilización. Se desconfiaba de las «costumbres paganas», que amenazaban la integridad de la nueva religión. Tertuliano (200 d. C.) se pronunció formalmente contra su uso, y Lanctantius (300 d. C.) proclamó la irracionalidad de la práctica pagana de las velas.

Por fortuna, estas protestas tuvieron poca importancia en comparación con la corriente cada vez más fuerte en favor de las «prácticas paganas» que, en esta época, empezaban a invadir la Iglesia.

A partir del siglo IV, la utilización de las velas no sólo se estableció sólidamente, sino que también comenzó a ser valorada. Las candelas se utilizaban en todos los ritos, sobre todo en los grandes acontecimientos, y ocupaban (como ahora) un lugar central en las procesiones, los bautismos, las bodas y los funerales. Se veían en los altares, ante imágenes santas y en los relicarios. Se empleaban como ofrendas a Dios y a los santos, y acompañaban las plegarias o las invocaciones para obtener curaciones y favores.

En casi todas las ceremonias estaban presentes. Se bendecían y así garantizaban protección contra los truenos, los rayos, la pérdida de cosechas, las enfermedades del ganado y todas las manifestaciones diabólicas, en particular los hechizos y los maleficios de Satán.

Según tradiciones antiguas, las vírgenes tenían que llevar una vela en cada mano. Este rito se trasladó a la ceremonia nupcial de los romanos y los griegos. En su época, se conducía a la novia con un séquito desde su casa hasta la de su marido, rodeada de antorchas. Los novios también llevaban antorchas. Hoy en día, este uso se ha conservado en la mayor parte de las comunidades ortodoxas.

Se estableció que las velas debían fabricarse únicamente con cera, especialmente con cera de abeja, y no de sebo u otras sustancias.

La cera perfumada, trabajada por la abeja, que muere tras haberla realizado, tiene un significado místico. Se extrae del mejor jugo de las plantas y posee un valor incalculable como ofrenda material. Según la tradición, las abejas provienen del paraíso.

Consejo: Encienda siempre incienso y una o más velas mientras esté en su casa.

Descubrirá, a la larga, fenómenos insospechados que le aportarán esperanza, consuelo, quietud y paz espiritual.

Además, sea consciente de que sus guías pueden manifestarse a través de la llama de las velas. Si los ignora o no sabe descubrirlos, nunca le molestarán. De todos modos, siempre le están protegiendo a usted y a su familia más inmediata, así como a su casa.

Mientras efectúe sus rituales, crea firmemente en lo que está haciendo, y sea sincero ante los ángeles, guías o divinidades a las que tendrá que dirigirse.

Hay tres momentos principales de la vida en los que se encendía (y todavía se encienden) velas:

♦ En los nacimientos.

Aseguraban que los espíritus del mal se mantendrían lejos del niño. En Roma, ponían al bebé bajo la protección personal de la diosa Vesta.

♦ En las bodas.

Impedían que el «mal de ojo» estropease el destino de los recién casados.

♦ En los funerales.

Eran garantía de que ningún demonio se atrevería a apropiarse del alma del difunto.
Si quiere ponerse en contacto con sus difuntos o que le visiten en su propia casa, encienda velas.

Las ventas con velas en los encantes eran muy frecuentes en los siglos XVII y XVIII. Dentro de la vela se ponía un alfiler de aproximadamente 2,5 cm de la mecha hacia la base. Las pujas se realizaban hasta que el alfiler caía, y la última oferta antes de su caída era la que se daba como válida. Hoy en día se siguen utilizando alfileres en algunos rituales, sobre todo para recuperar el afecto de alguien o para que una persona nos ame.

Las velas y la muerte

Las velas han sido por mucho tiempo un instrumento de contacto con la muerte y los difuntos.

Habitualmente se colocaban alrededor del cadáver para que su alma ascendiera. Durante el reinado de Enrique III, era costumbre encender dos velas sobre el difunto, una en la cabeza y otra en los pies. Encender una candela en la memoria de un difunto, o por el aniversario de su muerte, era también una práctica muy extendida.

Hoy en día, la vela también ayuda a que ascienda el alma del difunto, aunque es posible que permanezca unos siete días cerca de su cuerpo.

La adivinación con las velas

La adivinación a través de las velas es un arte muy antiguo. Se le llama licnomancia, del latín *lychmus*, que quiere decir luz o lámpara. Mediante la adivinación con las velas, los presagios son muy simples, y están basados en la manera en que arde la llama de las candelas.

Un método de adivinación del futuro se practicaba por los judíos diez días antes del momento de la expiación. Solía decirse entonces que el destino de un hombre estaba escrito en los cielos. Se encendía una vela en un lugar resguardado y, si se consumía en su totalidad, significaba que la persona por lo menos viviría un año, pero si la vela se apagaba prematuramente, la persona no llegaría a vivir más de un año. A menudo se encendía una vela durante una semana entera en la habitación de la persona que había fallecido para ayudarle a «subir» al cielo.

Si se quería saber el tiempo que iba a hacer al día siguiente, se encendía una vela. Si la llama se movía sin razón aparente, se preveía viento. Si las velas no se encendían tan fácilmente como es habitual, si hacían chispas o sobre sus llamas aparecía una pequeña nube de humo, se decía que el tiempo iba a ser húmedo. En algunos países los campesinos utilizan todavía estos métodos, sobre todo en el momento de la recolección.

He aquí algunas interpretaciones sobre el modo en que arden las llamas de las velas:

♦ Una llama que se mueve, sin que la causa de ello sean corrientes de aire o de viento, anuncia el cambio de una situación.

♦ Una vela que tiene la llama azul o poco brillante indica que en la casa o en el vecindario hay un fantasma o un espíritu.

- Si una mecha de vela rompe o aflige la llama, anuncia un fallecimiento en la casa.
- Una vela que produce chispas en el aire significa que la persona sentada delante nuestro o la persona más cercana recibirá pronto una carta.
- Si la llama de una vela se eleva o crepita, un espíritu que viene a comunicarle un mensaje está presente, sea su guía o una persona en quien piensa a menudo, que ha fallecido recientemente y que quiere comunicarse con usted. Lo más difícil consiste en descifrar el mensaje.

Hace cinco años, yo tenía una muy buena amiga, a quien consideraba como a una hermana. Se introdujo conmigo en el esoterismo y con ella compartí muchas experiencias. Un día, en una de nuestras sesiones, nos prometimos que si una de nosotras moría brutalmente, ésta iría en busca de la otra. Una tarde del mes de noviembre de 1990, la llamé por teléfono porque, sin razón aparente, me sentía inquieta. Además, sabía que una persona rubia cercana a mí iba a morir. Ella estaba de mal humor y me dijo que no le apetecía hablar con nadie y que me llamaría cuando se encontrase mejor.

Pasaron algunos días y, una tarde, mis velas empezaron a crepitar de forma continuada y cada vez con más intensidad. Y la llama ascendía, ascendía... Tardé unos treinta minutos en darme cuenta que se trataba de ella. La llamé rápidamente por teléfono, pero no me contestó. Al día siguiente, después de numerosas llamadas, me enteré de que murió brutalmente en la cama, el mismo día que hablé con ella. Como me pilló desprevenida y ella sabía que yo sufría por su silencio, vino a advertirme de su muerte. Durante meses, me venía a ver para reconfortarme. Un día dejó de visitarme, porque ya me encontraba mejor y porque para ella había llegado el momento de seguir otro camino. Pero sé que a menudo ella continúa enviándome mensajes mediante mis guías.

♦ Una llama alargada o inclinada indica un peligro potencial.
♦ Una llama rojiza en la extremidad de la mecha revela una mejora en lo que se refiere al éxito o a la suerte. Si disminuye en intensidad o desaparece, el éxito o la suerte durará poco tiempo.
♦ Si la llama serpentea, cabe poner atención a las intrusiones de curiosos y de traidores.
♦ Una llama débil presagia una decepción en un futuro próximo.
♦ Una llama que se apaga brutalmente significa una pérdida seria, incluso trágica.
♦ Una llama que arde muy suavemente o con debilidad recomienda renunciar a un proyecto que no saldrá bien, que no se ve con claridad que vaya a funcionar a causa de una enfermedad o de una pérdida de vitalidad y que, por tanto, será mejor olvidar.
♦ La «grasa» que se amontona alrededor de la mecha de una vela es una «capa» que anuncia la muerte de algún familiar.

En algunas ocasiones, se disponen tres velas en triángulo. Si una de ellas desprende una llama más alargada y resplandeciente que las otras, la buena fortuna está a la vista; mientras que si las tres desprenden una luz especialmente brillante, se trata del mejor de los presagios, de la «bendición de la luz». Yo utilizo normalmente dos velas y puedo garantizarle que los resultados son los mismos.

♦ Si una o más velas emiten un sonido seco, como el de los petardos, es que alguien del otro lado viene a vernos para ponerse en contacto con nosotros.

Las velas y las luces han jugado y juegan todavía un papel importante en la vida cotidiana.

El ser humano ha venerado al fuego en todas sus formas, desde que lo descubrió. El fuego le proporciona luz y calor en pleno invierno. Le permite cocer sus alimentos, lo protege de las bestias salvajes y del frío.

La magia que se practica con las velas puede ser muy sencilla o, al contrario, puede ser muy complicada según el deseo de cada uno y de lo que se quiere obtener.

El lenguaje utilizado en este libro es sencillo y cualquier persona puede adaptarse a él. No crea que todo lo que haga con las velas, encendiendo un poco de incienso o pronunciando algunas palabras, le solucionará milagrosamente, tal y como lo desea, los problemas que quiere resolver. La magia de las velas no sustituye el esfuerzo individual.

El camino que le propongo que siga es sencillo y debería ayudarle a personalizar los rituales, que usted mismo puede elaborar.

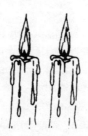

2
Los materiales necesarios para la magia

La primera dificultad en la realización de los rituales reside en la compra del material necesario. Aunque existen tiendas especializadas en este tipo de complementos, a veces no es fácil encontrarlos. Si éste es su caso, eventualmente yo podría proporcionarle lo que no encuentre.

La elección de las palmatorias la hará a su gusto. De todos modos, es preferible que las que utilice sean variadas y pequeñas. En algunos rituales es necesario poner una vela al lado de la otra, de modo que si sus palmatorias son muy grandes, dificultarán el procedimiento del rito. Además, su altar puede recargarse demasiado. Por lo que se refiere al número, aprenderá con la experiencia, pues dependerá del ritual que quiera practicar. Para empezar, compre seis palmatorias pequeñas. Le será muy sencillo encontrarlas. A medida que sus necesidades vayan aumentando, irá comprando más. Las palmatorias de vidrio, de cristal, de cobre o de otros materiales neutros serán muy útiles, ya que con ellas se pueden utilizar velas de todos los colores.

Pero para su altar personal, es preferible que escoja palmatorias grandes. Serán más sencillas o más decorativas, según su gusto. Para el resto, que comprará en función de sus necesidades, será necesario tener en cuenta su forma y su color, pues representan las fuerzas, los signos zodiacales, los planetas, los ángeles, etc.

Examine con atención todas las superficies y todos los soportes sobre los que colocará la vela con la máxima seguridad, para poder determinar si representan a los planetas o los ángeles tutelares.

En la preparación de la vela para el ritual, hay una etapa esencial, la de la unción, que conviene no subestimar, ya que mediante la unción un objeto se sacraliza y se consagra a un uso concreto. Deberá respetar la consagración y aplicarla a un buen uso de la magia.

En el momento de la unción, la vela debe dividirse mentalmente en dos partes iguales: el «polo norte», que va del centro de la vela a la mecha; y el «polo sur», que va del centro a la base de la vela.

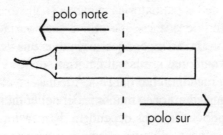

Es necesario ponerse un poco de aceite de unción en las manos, pero sólo la cantidad necesaria para cubrir la superficie de la vela, que ungirá con las manos. Unte la vela según el rito tradicional.

♦ Parta del centro de la vela hacia el polo norte (la mecha) y ÚNICAMENTE en este sentido. Seguidamente, efectúe el mismo movimiento desde el centro de la vela hacia el polo sur (la base). EVITE HACER A LA VEZ LOS DOS MOVIMIENTOS. Intente ungir el mismo número de veces las dos partes y escoja una cifra significativa. Oriente los polos hacia los polos geográficos.

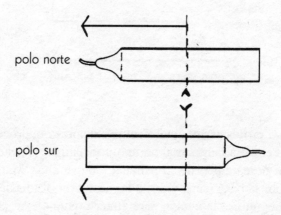

- En el momento de la unción de su vela, concéntrese en el uso que hará de la misma, en los resultados que espera obtener y en las personas implicadas. Esto aumentará el poder del ritual. Su concentración debe ser lo más precisa posible y, al mismo tiempo, estimulante. El poder de la mente es muy grande y debería permitirle ejercer una fuerza magnética sobre la vela, unirse con ella e impregnarla de sus vibraciones personales. La intensidad de su concentración será proporcional al poder acumulado en la vela.
- Puede utilizar también los métodos siguientes para determinados rituales que están destinados a atraer o a provocar un descenso. Con otros se pretende dispersar o alejar. Para atraer o para provocar el descenso de algo hacia sí mismo, la unción se realiza frotando la vela del polo norte (la mecha) al polo sur (la base), sin interrumpir el movi-

miento. Al mismo tiempo, hace falta concentrarse en el descenso que quiere ejercer sobre su persona y sobre el altar en el que encenderá la vela ungida con aceite.

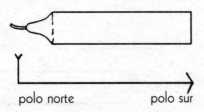

polo norte   polo sur

Para provocar un movimiento de dispersión, proceda en el sentido inverso, del sur al norte, y concéntrese en este caso en lo que desea alejar de su persona y de su altar. Mantenga la vela por la base (sur), y dirija la mecha (norte) hacia el exterior. Según use la unción para atraer o para alejar, extenderá el aceite con movimientos dirigidos hacia el exterior (de la base a la mecha) o con movimientos dirigidos hacia usted (de la mecha a la base). Este método tiene que practicarse con moderación. Es preferible utilizar el método tradicional.

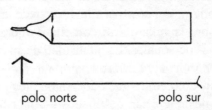

polo norte   polo sur

Si se equivoca de vela en el momento de la unción, el conjunto del ritual será ineficaz. El color de la vela es muy importante. Si tiene que improvisar un ritual, tenga en cuenta que sólo una vela le será válida, AUNQUE EN ELLA NO SE HAYA PRACTICADO LA UNCIÓN. Lo que importa es que su color simbolice el ángel planetario que usted quiere que intervenga.

Los aceites

Los aceites de unción tienen muchos componentes propios del incienso: en realidad, son incienso en estado líquido. Para la unción de las velas que destinará a un ritual en concreto, deberá utilizar un aceite consagrado a un planeta o una mezcla de aceites diferentes. Puede usar una vela del zodiaco que le represente a usted o a la persona de la que desea obtener algún favor. La unción exige una concentración orientada hacia un objetivo positivo.

Conviene evitar recurrir a un método negativo o dirigirlo a una causa injusta. Si actúa de este modo, el mal volverá a usted, tarde o temprano. Debe en todo caso practicar los ritos por causas «justas». Si tiene la mínima duda de que no es así, se verá indefenso en un futuro.

Si no puede obtener aceite de unción, utilice aceite de oliva, ya que se le atribuye a Minerva, la diosa de la Sabiduría. Encarna una fuerza muy positiva a la que puede invocar para obtener la sabiduría que quiere aplicar a una acción.

El altar

Se pueden utilizar muchos objetos como altar, con la condición de que sean estables. Puede ser cuadrado, pero la forma ideal es rectangular. Muchos rituales se prolongan varios días y exigen que las velas se vayan cambiando de sitio. Por ello el altar tiene que ser amplio. Puede cubrirlo con un tapiz de altar, que posteriormente podrá aplicar a otras funciones.

El tapiz de altar aísla de las vibraciones negativas y mantiene en estado de pureza el espacio reservado para los rituales. Puede ser del color del signo zodiacal en donde se encontraba el Sol en el momento de su propio nacimiento, ya que con éste tiene afinidades naturales. Le aconsejo que usted mismo fabrique su tapiz: en un lado dibuje el pentagrama; y en el otro, el sello de Salomón.

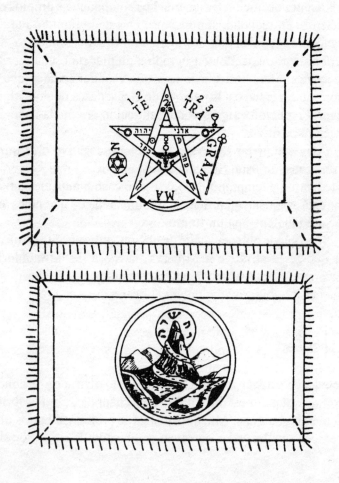

No hay que subestimar los poderes que acumula el lugar en el que se practican los rituales. Es preferible que se trate de una habitación de la casa poco transitada, ya que en algunos rituales las velas tienen que estar mucho tiempo encendidas y sin interrupción. En ciertos ritos se utilizarán las velas durante más de un día, sin que nadie pueda tocarlas.

Las personas que no puedan utilizar una habitación tendrán que deshacer el altar para prepararlo de nuevo al día siguiente. Esto supone una cierta discontinuidad que puede influir en el resultado final; pero como a veces no puede ser de otro modo, mejor hacerlo así que no hacerlo.

Por último, conviene TOMAR LAS MEDIDAS NECESARIAS PARA EVITAR LOS INCENDIOS.

Encender y apagar las velas

Sólo pueden utilizarse cerillas de madera. Es una tradición mozárabe que todavía es válida en nuestros días.

No apague la llama con los dedos, sino con un apagavelas. Podrá adquirir uno en cualquier librería de *new age*, o incluso fabricársela con papel de aluminio y varillas de madera.

La vestimenta y el incienso

Para los rituales, no es necesario vestirse con una ropa especial, pero es aconsejable no permanecer con lo que se ha llevado puesto durante todo el día. Le recomiendo que se haga usted mismo una bata amplia, sin detalles innecesarios, para utilizarla solamente durante los rituales. Esto le permitirá protegerse de las vibraciones negativas que puedan anular o dificultar el advenimiento de su objetivo. La bata puede ser blanca o del color de su signo zodiacal.

El incienso es indispensable en cualquier ritual, ya que crea una atmósfera agradable que además funciona como ofrenda para el santo al que usted se dirija.

Las fases de la luna

Conviene hacer coincidir los rituales con la luna más apropiada al tipo de rito que quiera realizar.

Si desea un crecimiento, una expansión o un desarrollo, haga el ritual cuando la luna crezca, es decir, entre la luna nueva y la luna llena. Es preferible que escoja una fecha cercana a la luna nueva, ya que a medida que nos acercamos a la luna llena, sus poderes disminuyen rápidamente, ya que nos aproximamos a una nueva fase lunar.

Para un decrecimiento, una disminución o supresión, actúe cuando la luna decrezca, es decir, inmediatamente después de la luna llena, en el momento en que evoluciona hacia su último cuarto.

Evite efectuar el rito en los tres días que preceden la luna llena, ya que los acontecimientos podrían invertirse.

Evite igualmente un día de luna llena, a menos que quiera provocar confusión, desorden y caos con su rito. Si es lo que quiere, ¡vaya con cuidado con el choque de vuelta!

3
La fabricación de las velas

Usted mismo puede fabricar sus propias velas o bien comprarlas en una tienda. No importa la forma que tengan.

El elemento más importante es sin duda alguna el color, del que hablaré en un capítulo ulterior.

La mayor parte de las velas que se pueden encontrar en las tiendas están fabricadas con parafina, aceites vegetales o cera de abeja. Se encuentran fácilmente y pueden comprarse con toda confianza. Sin embargo, conviene desconfiar de las velas fabricadas con grasa animal.

El tamaño de la vela no es importante. De todos modos, para los rituales que duran días, es preferible utilizar velas largas. Pero las velas cortas son más prácticas, ya que después del ritual, aunque no se hayan consumido del todo, suelen tirarse.

Las velas son de tres grandes tipos:

♦ velas de altar
♦ velas astrales
♦ velas de ofrenda

Velas de altar

Estas velas se colocan, en general, en la parte posterior del altar y en el centro. Pueden utilizarse una o dos velas de este tipo. Tradicionalmente son blancas. Por su posición central, es mejor escoger velas grandes y decorativas y, si es posible, de cera de abeja. Dominan el altar y poco importa la altura de sus llamas. En principio, son las primeras que se encienden y las últimas que se apagan.

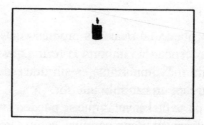

En el altar, las velas deben colocarse según el modelo triádico: velas de altar, velas astrales y velas de ofrenda. En la mayoría de las religiones, este modelo representa la trinidad sagrada. Sin las velas de altar, el modelo sería dualista.

Las velas astrales

También se las llama velas del zodiaco. Representan a las personas implicadas en el ritual, con sus respectivos signos zodiacales. Se utilizan para representar a quien solicita el ritual o a las personas a las que se les dedica: para influenciarlas, para que remedien la situación que ha motivado el ritual o, al contrario, para evitar que la empeoren. Si desconoce el signo zodiacal de esta persona, utilice una vela blanca o amarilla. También puede grabar en la cera, con ayuda de un hilo de latón, el nombre de esta persona.

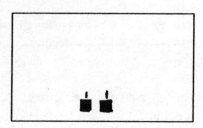

La vela blanca, que se considera neutral, es la más indicada para representar a una persona o a un elemento desconocido. La amarilla representa el planeta Mercurio y al arcángel Rafael, el mensajero de los dioses.

El arcángel Rafael tiene el poder de pasar de un dominio a otro para transmitir mensajes a su destinatario. Actúa como Mercurio. Por tanto, se trata del ángel más competente. Es muy influyente.

Velas de ofrenda

Estas velas representan las fuerzas presentes, ya sean maléficas o benéficas, sobre las que se quiere actuar. Pueden hacerse combinaciones diferentes, en función del color y de la posición de las velas.

Si se encuentran entre la persona que solicita el ritual y la que recibe su efecto, puede que estorben la acción de la primera. En el caso de que se coloquen entre el demandante y una persona malintencionada o un obstáculo, tienen el poder de defender al demandante.

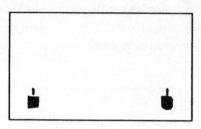

Las velas astrales y las velas de ofrenda se colocan en la parte delantera del altar, frente a las velas de altar. Su posición y sus movimientos vienen determinados por la naturaleza del ritual.

La fabricación de las velas

A pesar de que hoy en día pocas personas se fabrican sus propias velas, este libro no tiene razón de ser si omitimos voluntariamente el procedimiento de su fabricación.

Las primeras escuelas de ocultismo eran muy rígidas en este sentido: el mago-ocultista tenía que fabricar todos los objetos que iba a utilizar. Esta exigencia se fundaba en la idea de que para todo, en esta vida, es necesario tomarse su tiempo. Además, cada fase de la fabricación exigía al creador que se concentrase en el objetivo que estos objetos le iban a permitir obtener. De este modo, el material se impregnaba de sus vibraciones personales y de su forma de pensar.

Por esta razón, era habitual evitar que estos utensilios estuvieran al alcance de cualquiera y vigilar que nadie los utilizase. A menudo se colocaban en un lugar seguro para que ninguna otra persona los manipulase, ni siquiera involuntariamente. Si esto ocurría, su poder se alteraba, e incluso desaparecía. Hoy en día aún se recomienda no dejar el material personal al alcance de otras personas, sobre todo en el caso de la creación de talismanes.

El material base para la fabricación de velas comprende:

- la parafina
- las mechas
- el termómetro
- los colorantes para la cera
- los perfumes
- las hojas de cera de abeja
- los moldes

La parafina

La temperatura en la que la cera más utilizada se funde es de 58 °C (135 °F).

De la combinación de ácido esteárico, glicerina y triestearina, que es el constituyente principal del sebo, surge una sustancia blanca y escamosa que no es tóxica ni corrosiva: la estearina. Éste es el elemento que da poder y fuerza a las velas.

Las mechas

La elección de la mecha es muy importante. Depende de la medida y del diámetro de la vela. Si la mecha es muy pequeña, puede apagarse muy fácilmente. Y si la mecha es muy grande, o bien no arderá lo suficiente, o bien lo hará de tal modo que desprenderá mucho humo.

Asegúrese de que la mecha, que será aproximadamente de 5 mm, se encuentre en el centro de la vela. Mientras arde, esté atento a que tanto la mecha como la superficie que la rodea se mantengan limpias. Usted mismo puede fabricar su propia mecha con hebras de algodón blanqueados y empapados en ácido bórico. Pero puede encontrarlas sin dificultad en las tiendas.

El termómetro

Tendrá que conseguir un termómetro. Cómprelo de calidad. Debe graduarse hasta 204 ºC (400 ºF). No utilice un termómetro de la farmacia, porque se rompería.

Los colorantes para la cera

Para empezar, añada una pequeña cantidad de colorante a la cera. No olvide que cuanto más fácil sea añadir el colorante, más difícil será retirarlo. Si hay mucho colorante en la vela, ésta no será translúcida. Ponga toda su atención, pues los colorantes para la cera manchan mucho, sobre todo en las manos.

Los perfumes

Son los aceites solubles que debe añadir poco a poco hasta que dé con la cantidad exacta, según usted lo considere.

Las hojas de la cera de abeja

Generalmente la cera de abeja se encuentra en las hojas. Éstas suelen plegarse con facilidad dentro de un cuarto caldeado. Una vez que se enrolla una hoja alrededor de la mecha, que tendrá la medida apropiada para la vela, se le puede dar cualquier forma. Las velas de cera de abeja perfuman el ambiente incluso una vez apagadas.

Utensilios de la cocina

Puede utilizar cualquier tipo de cazo, según sus necesidades, y calentar la cera al baño maría. Si prefiere calentarla directamente al fuego, es preferible que para protegerse utilice una placa de amianto.

Los moldes

En el mercado existe una gran variedad de moldes. Podrá obtenerlos en las tiendas de objetos artesanales, especializadas en velas y en el material necesario para fabricarlas. El molde tiene que ser hermético y fácil de separarse de la vela. Hay numerosos utensilios, sobre todo recipientes de plástico, que pueden partirse cuidadosamente en dos para después pegarlas con una cinta adhesiva resistente, de tal modo que la cera líquida esté dentro cerrada herméticamente. Cuando la cera esté fría, se desmontará el molde para extraer la vela.

Con un cuchillo o una cuchilla caliente se introducirá la mecha. Hunda una aguja larga en la cera, cuando aún esté blanda, al mismo tiempo que introduce la mecha en la vela. Seguidamente, rellene el agujero con cera fundida.

Los baños

El baño es el método más antiguo en la fabricación de las velas. Tiene algunas ventajas para el principiante, como la de no tener que verter la cera en un molde.

Corte una mecha proporcional a la medida de la vela. Para ello prevea unos centímetros de más.

Para mezclar la cera use un recipiente que pueda contener la vela en sentido horizontal.

Enganche la mecha en un palo que utilizará como mango. Sumerja el trozo de mecha en la cera que usted habrá calentado a 80-85 °C (180-185 °F). Retírela y espere unos 30 segundos a que la vela se endurezca. Repita la operación hasta que la vela tenga el grosor que usted desee. Puede enganchar al mango más de una mecha y de este modo hacer varias velas al mismo tiempo.

La técnica de coloración de las velas por inmersión en la cera coloreada

Puede recubrir sus velas blancas de cera coloreada. La ventaja de este procedimiento es su sencillez.

Existen dos métodos para colorear las velas blancas:

♦ El primer método consiste en sumergir la vela en la cera coloreada. Para su preparación, caliente agua a 27 °C (80 °F) y añada una capa de cera fundida de aproximadamente 5 cm de espesor. La vela tiene que poder sumergirse en el recipiente sin que su contenido se desborde. Para obtener el espesor deseado, es preciso mantener la temperatura indicada, sino puede ser que los resultados no sean satisfactorios. Si la temperatura es muy alta, quedará muy poca cera coloreada sobre la vela. Si la temperatura es muy baja, la capa coloreada puede pulverizarse.

♦ El segundo método consiste en verter gota a gota la cera coloreada sobre la vela:

La técnica de coloración de las velas mediante el goteo de la cera coloreada

Este método permite colorear unas 12 velas a la vez, a partir de una sola vela de color. Pero en realidad, el número de velas coloreadas depende de la capa de color que se quiera obtener. La ventaja de este método es que se le puede dar a la vela más de un color. Antes de empezar, extienda varias hojas de papel de periódico sobre la mesa. Mantenga la vela blanca por la mecha, con su base sobre el papel de periódico. Encienda una vela o un resto de vela, de no importa qué color, para iluminar las velas que quiera colorear; sobre todo en el caso de que quiera utilizar varios colores. Deje gotear la cera fundida de la vela coloreada sobre la vela blanca. La forma que le demos a la capa de cera coloreada dependerá de la posición en que coloquemos la vela blanca. Siga la operación hasta que la vela blanca se recubra de una capa de color lo suficientemente espesa. Las velas coloreadas de este modo son muy bonitas y muy diferentes entre sí.

No hablaremos más de la fabricación de las velas, ya que hoy en día son pocos los que las fabrican para sus rituales. Las que se encuentran en las tiendas son lo suficientemente válidas. También puede hacerlas con mechas y hojas, que se pueden enrollar a la temperatura ambiente, aunque ésta es una técnica especial que es preferible aprender en un taller.

Los rituales

Ritual de iniciación

Póngase de pie e inmóvil ante el altar por unos segundos y concéntrese en lo que va a hacer.

Encienda una vela y diga:

> «En el nombre del Señor utilizo mi poder... (un tiempo en silencio). Señor, creador de todas las cosas, fuente de toda luz, que tu gracia descienda a este lugar».

Encienda enseguida la vela de la izquierda y diga:

> «Que a pesar de nuestra debilidad e indignidad humana, te dignes, Señor, a conceder a esta pri-

mera luz el signo, el símbolo, la manifestación de
tu fuerza creadora...»

Espere unos segundos en silencio hasta que la vela esté encendida del todo. Apague la cerilla de madera[1] con los dedos, aunque se queme un poco, pues en ningún caso tiene que soplarla. Al fin y al cabo, si quiere que sus rituales den resultado, tiene que tener valor.

«Señor, concede a esta humilde criatura que esta
segunda luz sea para nosotros el signo, símbolo,
la manifestación visible de tu presencia en este
mundo, desde la creación hasta el fin de los tiempos».

Encienda la segunda vela con la vela de la izquierda y espere unos segundos hasta que la llama haya alcanzado su altura normal.

«Dígnate, Señor, creador del cielo y de la tierra,
a bendecir este altar consagrado a tu servicio y
permite a tus santos ángeles que nos ayuden en
las acciones que vamos a realizar para mayor
gloria de tu nombre, a fin de que con ellos y con
su inspiración cantemos a la luz del fuego: «Santo, Santo, Santo es el Señor, Dios del universo.
¡Llenos están el cielo y la tierra de tu gloria!
Hosanna en el Cielo. ¡Aleluya, Aleluya, Aleluya!»

Trace tres cruces en el aire y recójase.

---

1. Es aconsejable usar cerillas largas y de madera. De este modo, tendrá tiempo para hacer lo necesario sin quemarse.

Encendido del incensario

Encienda el carboncillo que se encuentra en el incensario con una cerilla de madera, que habrá encendido con la vela de la izquierda, y diga:

> *«Bendice, Señor, a esta criatura de fuego para que sea toda pura y santa. Santifícala para que aleje o castigue toda obra del demonio o de sus sirvientes. Que ella, fuego puro, sea digna de tu servicio. Amén. +++[2] »*

Espere que el carboncillo arda del todo y después eche encima un poco de incienso diciendo:

> *«Señor, que el olor de este perfume santificado se eleve hacia ti y sea agradable a tu olfato, como antaño fue el de las plantas aromáticas que se consumían sobre el altar de los perfumes del templo de Jerusalén. Amén. +++ »*

El exorcismo de las velas

Diga, alzando las manos hacia el cielo:

> *«Mi poder está en el nombre del Señor, creador del cielo y de la tierra. Dígnate, Señor, a que otorguemos, en tu nombre y por medio de tus santos nombres, el poder de exorcizar estas criaturas de la cera, para que, purificadas de toda mancha de origen humano o demoníaco, manifiesten tu poder en éste y en los otros mundos.»*

---

2. Cada vez que encuentre el signo +++ significará que tendrá que hacer tres signos de cruz en el aire o sobre el objeto, según el caso.

Coloque sus manos sobre las velas y diga:

> *«Criaturas de cera, surgidas de la mano humana, ¡yo os exorcizo en nombre del Señor Todopoderoso! Os exorcizo en el nombre de Ioh [Yavé], el Dios viviente, por el nombre santo de Ioah [Yavé], el Dios verdadero, por el nombre santo de Iaoh [Yavé], el Dios santo, para expulsar de vuestra materia todo rastro de perversidad humana o diabólica. +++»*

La consagración de las velas

Una vez las velas están exorcizadas, es preciso proceder a su consagración.

Si bien el exorcismo puede ser colectivo, *la consagración tiene que ser imperativamente individual,* salvo en el caso de las velas de altar, ya que éstas pueden consagrarse de dos en dos. Retire las velas del altar y coloque una por una las que se deben consagrar.

Cada vez que coloque una de ellas, diga, alzando las manos hacia el cielo:

> *«Mi poder está en el nombre del Señor, creador del cielo y de la tierra. Dígnate, Señor, Dios del Cielo, a conceder a tu servidor, a pesar de su debilidad humana, el poder de consagrar estas luminarias a fin de que sean aptas para transmitir sus plegarias, como antaño hacían las siete luminarias, que ardían permanentemente ante el arca en el santo de los santos del templo de Jerusalén. Amén. +++»*

Ponga seguidamente las manos sobre la vela y diga:

«Señor, poderoso, ser de los seres, bendice y consagra esta vela ante nuestra súplica angustiosa. Derrama sobre ella, Señor, mediante el poder de tu santa ley, tu celeste bendición. +++»

Si la vela es astral, diga:

«Permite, por medio de tus nombres santos Agla, Tetragramatón y Elohim, a tu ángel santo (diga el nombre del ángel planetario o zodiacal correspondiente) descender a esta criatura de cera para llevarse nuestras plegarias.»

Inciense la vela de este modo:

«Que toda plegaria pronunciada ante esta vela se eleve hacia ti, por medio de la intercesión de este santo ángel (nombre del ángel), como se eleva hacia ti el humo del incienso.»

Con la daga o el cuchillo ritual, dibuje en la base de la vela un pentagrama con una cruz en el centro. Humedézcase el dedo pulgar con aceite del altar, páselo sobre los signos gravados y diga:

«En el nombre del Dios eterno de los ejércitos del cielo y de su ángel santo (nombre al ángel), te consagro con este aceite, dulce esencia de la vida, ¡mediante los nombres santos de Elohim, Gibor, Agla, Tetragramatón, Josué, Elohim y El Elion! Amén».

Tenga en cuenta que las dos velas se consagran a la vez:

«Que estas velas reciban la bendición para que en todo lugar alumbren e irradien su luz purificadora. Que con ellas, las fuerzas de las tinieblas y sus emanaciones materiales huyan espantadas para que Tú, en su lugar, extiendas la luz santa e invisible que creaste con el mundo y que perdurará hasta el fin de los tiempos. Amén. +++»

Inciense la vela de este modo:

«Que toda plegaria que se pronuncie ante esta vela se dirija hacia Ti, como el humo del incienso».

Con la daga dibuje en la base de la vela un pentagrama con una cruz en el centro. Humedezca el dedo pulgar con aceite del altar, páselo sobre los signos gravados y diga:

«En el nombre del Dios eterno de los cielos y de su ángel santo (nombre al ángel), te consagro con este aceite, dulce esencia de la vida, ¡por los nombres santos de Elohim, Gibor, Agla, Tetragramatón, Josué, Elohim, El Elion! Amén».

Si se trata de una vela testigo, ésta puede ser:

♦ Una foto: colóquela en la base de la vela con la ayuda de un hilo de algodón blanco y únala con un triple nudo.
♦ Una mecha de cabello: pase rápidamente la vela por la llama de la vela de altar de la derecha para reblandecer la cera y pegue la mecha de pelo en la cera. Si el mechón es lo suficientemente largo rodeará con él la vela.

Diga seguidamente:

> *«Mi poder está en el nombre del Eterno, creador del cielo y de la tierra. Criatura de cera, en el nombre del Eterno, tu creador y el mío, de ahora en adelante tú eres «fulano de tal» realmente presente en este lugar.*
> *Permite, Señor, que esta vela santificada por ti se convierta en la viva imagen de tu servidor* (diga el nombre del testimonio).»

Rocíe la vela tres veces con agua y diga:

> *«En el nombre del Padre creador, del Hijo redentor y del Espíritu Santo conciliador. Amén. +++»*

No se hace ni la unción ni la grabación.
Si se trata de una vela de ofrenda:

> *«Tú que has ordenado que se te sea consagrada la décima parte de las primicias de toda cosecha, así como todos los primeros primogénitos, y que has ordenado igualmente redimir a los primogénitos del hombre mediante cinco ciclos de plata; dígnate, Señor, a aceptar como ofrenda a esta humilde criatura de cera. Que tu bendición descienda sobre ella para que en lo sucesivo sea digna de cumplir el papel:* (según el caso)

♦ expiatorio (si con la vela de ofrenda se pretende obtener el perdón de una falta);
♦ de ofrenda propiciatoria (si con la vela se quiere obtener un favor divino).

»*Que de este modo, mediador santificado, la aceptes como mediadora santificada para que conduzca hacia ti nuestras plegarias. Amén. +++»*

Cómo consagrar las primeras velas de altar

Antes de encender dos velas de altar, tiene que consagrarlas:

♦ colocando en los candelabros dos velas no consagradas;
♦ leyendo, al mismo tiempo que enciende las velas, el exorcismo del fuego:

> *«Bendice, Señor, esta criatura de fuego para que sea pura y santa. Santifícala para que aleje toda criatura demoníaca, para que destruya toda obra del Demonio o de sus servidores, para que, fuego puro, sea digna de tu servidor. Amén. +++»*

♦ lea este exorcismo mientras encienda el incensario;
♦ consagre seguidamente las velas de altar y todo el material restante.

Tras la ceremonia, retire las velas que ha utilizado como velas de altar en este primer ritual y sustitúyalas por las que acaba de consagrar.

En el siguiente ritual, consagrará las velas que antes ha utilizado para consagrar a las primeras (no lo olvide). Las conservará para usarlas en adelante como velas de altar.

La carga de las velas

Una vez que las velas están consagradas, se debe proceder a cargarlas. Esta carga variará según el papel que usted les adjudique.

En una extremidad está la mecha; en la otra, la base; entre las dos, el centro.

Las velas de altar

Sea cual sea el objetivo del ritual que emprenderá, las velas de altar se ungirán nueve veces, desde el centro hacia la base; y otras nueve veces, desde el centro hacia la mecha. El papel que se confiere a estas velas es independiente del objetivo del ritual.

♦ Al ungir hacia la mecha: tenga conciencia de que la vela se unge para que repela las influencias del mundo de las tinieblas.
♦ Al ungir hacia la base: tenga conciencia de que la vela se unge para atraer el poder divino.

Las otras velas

La unción varía según el papel que se les dé:

♦ Si la vela se utiliza para atraer una influencia (suerte, clientes, amor... o la influencia de un planeta), unja la vela de la mecha hacia la base.
♦ Si se utiliza con el fin de disolver una influencia (maleficio, enfermedad o desventura), unja la vela de la base hacia la mecha.

Las velas astrales

En un mismo ritual, dos velas astrales pueden tener dos funciones diferentes. Por ejemplo, si tiene problemas con una persona agresiva, puede utilizar:

♦ Una vela de Marte, ungida en el sentido de la dispersión.
♦ Una vela de Venus, ungida en el sentido de la concentración.

Las dos velas se colocarán en el altar entre otras; y la acción de todas ellas será complementaria.

Las velas testigo
Para éstas existen tres posibilidades:

♦ Si la persona debe recibir una influencia, la vela se ungirá en el sentido de la concentración.
♦ Si la persona debe liberarse de una influencia (exorcismo), la vela se ungirá en el sentido de la dispersión.
♦ Si la persona debe liberarse de una influencia y, simultáneamente, recibir otra; la vela se ungirá como una vela de altar: en los dos sentidos.

Las velas de ofrenda
El objetivo general del ritual determina el sentido en el que estas velas se deben ungir:

♦ Protección: se trata de hacer durar una situación adquirida. La vela se ungirá en los dos sentidos.
♦ Expiación: se trata de obtener un perdón, de apaciguar la cólera divina. La vela se ungirá con el movimiento de dispersión.
♦ Ofrenda propiciatoria: se trata de concentrar en un lugar o en una persona el poder divino (incluso si es para eliminar una influencia). La vela se ungirá en el sentido de la concentración.

Habitúese a seguir bien estas instrucciones. De este modo reforzará las diferencias que hay entre las distintas velas y, al mismo tiempo, el ritual será más enérgico.

Las velas negras, que se utilizan para representar las fuerzas maléficas, no se consagran y se frotan con grasa animal no perfumada (sebo, grasa de ganso o de buey). Utilice grasa animal: es fácil de encontrar.

Para finalizar, pasemos a los objetos y productos necesarios para los rituales.

Los objetos

♦ El mantel del altar

Utilice preferentemente un mantel de algodón o de lino blanco. Si su color corresponde con el de su signo zodiacal, reforzará los vínculos entre usted y la magia, de manera que se implicará más profundamente en el objetivo deseado. Esto no es aconsejable, pues reforzará su ego cuando, para aprovechar la fuerza de lo invisible, es necesario que se eclipse.

♦ El altar

Lo mejor es utilizar una mesa rectangular.

♦ El quemador de perfume

Lo ideal es un pebetero con mango aislado (estilo lámpara mágica) o un incensario de bola (suspendido con cadenas, para evitar quemarse).

♦ Las palmatorias

Excepto si utiliza velas contenidas en vasos de color, le harán falta palmatorias adaptadas al tamaño de las candelas. Puede sustituir las palmatorias por recipientes de vidrio rectos. Pegue la vela al fondo del recipiente mediante una gota de cera fundida.

♦ La daga

Servirá un pequeño abrecartas.

♦ La copa de agua

Van muy bien un frutero de cristal o un cuenco plateado.

LOS PRODUCTOS

♦ El incienso

El olíbano puro sirve para casi todas las operaciones y es fácil de encontrar.

♦ El aceite (se utiliza durante la consagración)

Un aceite vegetal puro es perfecto si lo consagra como aceite de altar. En particular, el aceite de oliva.

♦ Los aceites de unción

Para la unción de las velas puede utilizarse aceite de altar o aceites particulares, perfumados en función del objetivo de la ceremonia o del papel de la vela.

♦ El agua lustral

Se prepara apagando en la copa de agua una brasa del incensario o sumergiendo en la misma copa la hoja de un cuchillo calentado al rojo.

Puesto que la magia de las velas es una práctica popular, que se individualiza de acuerdo con las regiones e, incluso, según los oficiantes, sobre el altar pueden agregarse muchas cosas.

♦ Estatuas e imágenes santas

La tradición vudú, que es una mezcla de fetichismo y de cristianismo, utiliza una gran cantidad de imágenes santas, que coloca en particular sobre los altares empleados para la magia de las velas.

Numerosos oficiantes occidentales han adoptado esta costumbre que, por otra parte, está igualmente extendida por Europa del Este (en la región ortodoxa, la magia de las velas es parecida al culto de los iconos), y entre los cristianos mediterráneos. En cambio, en los países islámicos no hay imágenes, pues la religión lo prohíbe.

De hecho, depende del gusto y de la opinión. Si coloca una imagen en el altar, se acercará espiritualmente al misticismo de la religión, de la devoción. Si no la coloca, practicará una magia de las velas más abstracta, más metafísica.

Las dos modalidades funcionan, pero en absoluto de la misma manera.

Si se utilizan imágenes y estatuas, hay errores que no deben cometerse:

♦ Si se coloca una estatua sobre el altar, hay que rendir culto cotidiano al santo o al dios que representa, convertirse en su devoto. Este culto debe hacerse conforme a las reglas generales de la religión a la que pertenece el personaje.
♦ Excepto si usted le rinde un culto particular desde hace mucho tiempo, evite que la imagen colocada sobre el altar sea la de un santo patrón. Si lo hace, correría el riesgo de implicarse personalmente en la acción mágica.

♦ Evite utilizar una imagen o una estatua cuya significación no conozca realmente bien. Por ejemplo, una imagen Lakshmi, por muy benéfica que sea, puede jugarle malas pasadas si su magia no está espiritualmente en armonía con ella.

♦ Los pentáculos

Algunos autores encomian el uso de un pentáculo coloreado sobre el altar.

Los pentáculos resumen de manera críptica el desarrollo de un ritual, perteneciente a la tradición de la alta magia cabalística y de la teúrgia. Casi no tienen lugar en un altar de magia de las velas, a menos que se quiera hacerlos pasar por lo que no son. Dicho esto, si desea colocar un pentáculo en su altar, ¡adelante! En tal caso, conviene que conozca su simbolismo. Al igual que una imagen santa, el pentáculo orienta la ceremonia y para que tenga éxito es necesario que usted esté de acuerdo con su verdadero sentido espiritual.

4
Las velas rituales

Trataremos en este capítulo el aspecto ritual de la acción de las velas y daremos como ejemplo algunos ritos.

De todos modos, no hay que considerarlos como los únicos válidos. Al contrario, usted tiene que innovar, modificarlos en función de las necesidades y adaptarlos a las circunstancias y a la propia personalidad.

Este tipo de ritual se ha practicado desde que el ser humano descubrió el fuego[3]. No buscaremos el porqué de estos ritos. Con que sepamos que funcionan, ya es suficiente.

Los rituales de las velas en general son sencillos y accesibles, ya que requieren un tipo de material que se consigue muy fácilmente.

A menudo, una simple vela encendida con fuego, en un caso de urgencia, tiene mucho más efecto que un ritual vacío, sea cual sea su elaboración. Lleve siempre a mano una libreta para tomar notas, escriba en ella todos los detalles de sus rituales y todas sus sensaciones, porque le podrá ser útil y reveladora en la práctica de rituales futuros. Escriba también las razones del rito, los ángeles, los poderes y los espíritus invocados, así como la cronología y otros detalles. Anote en una página todo lo que le llame la atención, sus observaciones.

---

3. Existen rituales especialmente adaptados para el fuego.

Sea honesto, ya que, en todo caso, usted será el único responsable de sus equivocaciones. Verifique cada resultado de la situación con un ojo crítico.

Recuerde que los seres malévolos del astral inferior, atraídos por su llama, estarán *siempre* dispuestos a aprovechar cualquier ocasión para prolongar su existencia sobre la tierra, desde donde procurarán comunicarse y controlar sus esfuerzos. Intentarán por todos los medios provocarle confusión con sus astucias y maquinaciones y, si usted no respeta el ritual, acabará siendo su esclavo. Por tanto, hay que saber diferenciar entre lo que nos apetece y lo que realmente necesitamos, en los casos importantes.

Las entidades superiores pueden descubrir los más pequeños indicios negativos en nuestras invocaciones. Éstos podrán en algunos casos propiciarle lo que desea, pero a menudo el rechazo es una lección saludable.

En los rituales más rigurosos, una de las exigencias más importantes es apagar las velas en el orden inverso al que se han encendido, a pesar de que no siempre sea necesario. POR LO TANTO, ACUÉRDESE DEL ORDEN. El mundo no se acabará si usted se equivoca en alguna ocasión, pero conviene evitar los errores desde un principio. Si es necesario, apunte por escrito el orden en que enciende las velas. Dibuje en su libreta un diagrama del altar, dispuesto para ritos específicos con números, rodeados con un círculo, que representan cada una de las velas, su posición y el orden por el que se han encendido. Escriba una pequeña explicación debajo de cada diagrama.

Le propongo un pequeño ritual de iluminación de las velas, que es libre de seguir o no, pues no interferirá en absoluto en el éxito de su ritual. Cuando encienda la vela, diga: «Fiat lux», que significa «¡que se haga la luz!».

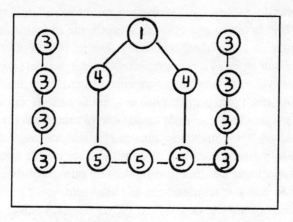

1. Vela de altar
3. Vela del zodiaco
4. Vela Trinidad
5. Vela planetaria

Usted se protegerá con las fuerzas y los ángeles invocados. Sus poderes le protegerán y anularán las malas intenciones.

Usted se defenderá, como los demás, de los ataques de los espíritus maléficos si interpone una vela (puede ser la vela del zodiaco que representa a la persona por la que hace el ritual) entre usted y la vela negra que representa la entidad maléfica.

Debe utilizar velas de luz y de protección hasta que esté completamente rodeado de una muralla de protección o de seguridad. La similitud de las velas ayudará a la unificación.

El primer ritual

Coloque el altar y las velas. Mantenga la habitación en penumbra para facilitar la concentración. Ilumine el incienso. Siéntese un momento, permanezca contemplativo y cierre los ojos. Intente imaginar una vida donde no haya luz. Cuando esté preparado, diga en voz alta o mentalmente, las primeras palabras del Génesis: «*Al principio, creó Dios el cielo y la tierra. Pero la tierra era informe y vacía, las tinieblas cubrían la superficie del abismo.*» (Deténgase aquí por un momento.) «*Y el Espíritu de Dios se cernía sobre las aguas.*» (Deténgase de nuevo e intente escuchar un soplo ligero o un remolino a su alrededor.) «*Dios dijo: Que se haga la luz.*» (Coja sus cerillas preparadas y encienda una). El resplandor de la luz puede cegarle por unos instantes, que es el efecto deseado. Intente visualizar este pequeño acto como «el inicio», la oscuridad percibida por la luz. Imagine el poder de estas palabras, su significado y su impresionante resultado.

Encienda su vela de altar y diga: «*Y Dios vio que la luz era buena; a la luz llamó día, y a las tinieblas noche.*» Hubo una noche y una mañana, y éste fue el «primer día».

Simbólicamente, este acto es el primer día del acto ritual, en el que experimentará un acto de creación.

A partir de este momento, no se utilizarán más las cerillas, sino que la llama se transmitirá al resto de las velas con la vela principal (la primera que se ha encendido). Recuerde que la vela principal nunca se encenderá con otras velas. Sin embargo, podremos utilizar las cerillas, como caso excepcional, cuando las velas del altar tengan que iluminarse más tarde y no al principio, como en esta práctica. En este caso, las velas siempre se encenderán con cerillas que se reservarán especialmente para este uso.

Hay otra excepción, muy estricta: con la llama de una vela de altar nunca se podrá encender una vela negra, ya que éstas se iluminarán con cerillas reservadas para este uso. Nunca una de estas cerillas se utilizará para encender otras velas del altar.

La novena mística o mágica

La novena mística o mágica es un periodo de siete días, número básico en la mística y en la magia, el único que se utiliza cuando el ritual lo ejecutan seguidores del sendero oculto. También utilizamos, como para los talismanes, los siete antiguos planetas y sus ángeles.

La astrología moderna se sirve de diez planetas, pero para los rituales se utilizan siete. Se comienza con el planeta y el ángel apropiados según el objetivo de la novena, se suman el poder de los siete Ángeles y, con ello, se obtiene un efecto de acumulación que reforzará su invocación, por el rezo que mantiene regularmente.

Una novena no tiene por qué durar siete días, a menos que usted lo quiera, pero al menos debería durar siete horas o, a lo sumo, siete veces siete horas, es decir, cuarenta y nueve horas o un poco más de dos días.

Empleando el septenario, cada ángel se invoca según un orden y no se excluye a nadie. Un orden que comportara menos o más de siete destruiría este equilibrio sagrado. La novena tiene que considerarse como un acontecimiento especial. Es necesario practicarla en circunstancias de peligro y de una gran necesidad, y no para cualquier cosa que se pueda resolver mediante un pequeño ritual ordinario y con perseverancia.

Para empezar su novena, decida lo que quiera pedir y recuerde que una novena sólo sirve para hacer una única petición.

♦ Inscriba en su libro de rituales el nombre del ángel que gobierna el dominio en el que se implicará.

♦ Seguidamente tome nota de los nombres del planeta y del día y consulte la tabla de las horas planetarias (en el anexo), que indica las horas disponibles. Puede comenzar a la hora que desee. La tabla muestra que un planeta y un ángel gobiernan un día determinado; y que hay ciertas horas en ese día, en las que o el planeta y el ángel tienen la máxima fuerza; del mismo modo que la primera hora del día siempre pertenece al ángel y al planeta que gobiernan ese día.

♦ Decida la duración de la novena (un mínimo de siete horas).

El secreto del verdadero éxito para una novena reside en la constancia. Sin embargo, si decide hacer una novena de siete días y no puede cumplirla de una sola tirada, podrá hacerla en siete horas por día durante siete días. En cada secuencia del día tendrá que empezar a la hora justa para el ángel y el planeta.

Es extremadamente importante acordarse que durante la novena no se debe apagar ninguna de las velas. La luz de la primera vela se transfiere a la segunda, la segunda a la tercera, y así hasta que la novena llegue a su fin. Todas las velas tienen que consumirse totalmente, de una manera natural. Tienen que ser nuevas, no se deben haber utilizado para otras cosas.

Cada vela tiene que estar encendida por lo menos una hora antes de pasar la llama a otra. Si la llama de la última vela se apaga antes de que se haya trasferido la llama, la novena tendrá que suspenderse.

Ya que en una novena hay muchas velas encendidas y durante mucho tiempo, ¡tenga cuidado con el fuego!

Los salmos

Los salmos bíblicos son necesarios para la preparación de pentáculos o talismanes y para la ejecución de rituales.

He aquí una lista parcial de salmos que podrá utilizar. Puede descubrir otros que respondan más a sus necesidades.

- Para combatir la enfermedad o la mala salud (Salmos 35, 38).
- Para recuperar la salud después de una enfermedad o para agradecerlo (Salmo 30).
- Por haber obtenido un apoyo en un momento de estrés o de angustia (Salmos 3, 25, 54).
- Para todo aquel que esté coaccionado o sometido a condiciones nefastas (Salmos 71, 93).
- Para combatir las situaciones de las que una persona tiene miedo (Salmo 31).
- Para protegerse a sí mismo y a los demás de una situación peligrosa (Salmos 35, 36).
- Para aportar paz al interior de la familia o de un grupo (Salmo 133).
- Para pedir comodidad material, dinero, comida u otros bienes (Salmo 41).
- Para rogar (Salmo 131).
- Para recibir la gracia, el amor, la piedad (Salmo 32).
- Para empezar un ritual (Salmos 130, 134).
- Para los problemas de ansiedad, debido a una conciencia perturbada o a pecados graves (Salmo 51).
- Para las dificultades provocadas por murmuraciones o calumnias (Salmos 38, 39).
- Para la seguridad ante el mal o en situaciones nefastas (Salmos 30, 121).
- Por haber escapado de un gran peligro o después de haber recibido un favor particular del Señor (Salmo 150).

Una vieja costumbre dice que quien rece a Dios todos los días y todas las horas, con estos cinco versículos según este mismo orden, conocerá el bienestar y la bendición en todas sus empresas.

Salmo 121, versículo 2: *Mi auxilio vendrá de Yavé, creador del cielo y de la tierra.*

Salmo 55, versículo 23:   *Entrega tu suerte a Yavé, y él te am-*
parará; no permitirá nunca que pe-
ligre lo que es justo.

Salmo 37, versículo 37:   *[Schin] Observa al que es íntegro,*
mira a quien es recto; porque él será
próspero para el hombre de paz.

Salmo 36, verso 3:   *Al que se halague a sí mismo, en sus*
propios ojos, que Dios no encuen-
tre en él jamás el crimen y lo de-
teste.

Salmo 143, versículo 12:   *En tu bondad, aniquila a mis ene-*
migos, y haz perecer a todos los que
me oprimen, pues yo soy tu servi-
dor.

Además, para todo lo que se refiere al amor y al afecto, se recomienda leer el libro de Salomón:

♦ el capítulo 6, «Construcción del Templo», si el demandante es un hombre;
♦ el capítulo 18, «Ante Acab, en el Carmelo», si el demandante es una mujer.

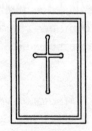

5
Los colores

En el ritual de velas, el color juega un papel preponderante; pues marca las correspondencias. Utilizamos el simbolismo para comprender las verdades espirituales, como el árbol de la vida y los 32 caminos hacia el conocimiento, porque reafirma las verdades fundamentales y primordiales que nos permiten concebir y comprender las ideas y las potencias que contienen el símbolo.

Gracias a ello, hemos podido establecer correspondencias entre los planetas, los signos del zodiaco, los ángeles, los espíritus, las inteligencias y entre los mismos colores. Todas ellas se detallan en los cursos titulados «Anges de lumière» («Ángeles de luz») y «Cábala».

La utilización del color es particularmente importante en el uso de las velas. El color es una vibración que nos conecta con las fuentes y las fuerzas de las vibraciones simpáticas. Por esta razón es importante utilizar el color adecuado.

En los rituales de velas, los siguientes colores se utilizan mucho:

Rojo

El color rojo se utiliza para la pasión, el coraje, la sexualidad, la fuerza y la salud.

Asociado al planeta Marte, se usa para representar tanto los aspectos positivos como los negativos.

Es el color de la sangre, pues Marte o Ares, dios de la guerra, ha derramado mucha sangre. El rojo representa la vida física y la energía. Se utiliza a menudo porque expresa el nacimiento, la generación y la creación.

La gente asocia este color a la pasión y a las emociones primitivas e incontroladas, al motín, a la rebelión, a la fuerza, a la ruina y a la decadencia de las leyes.

Es un color violento que excita el espíritu y desarrolla las cualidades excéntricas o instintivas: actividad, coraje, audacia, dominación, entusiasmo, pasiones. Favorece los esfuerzos violentos. El rojo es el color de la voluntad, del amor; impulsa tanto el espíritu de sacrificio como el egoísmo, la lucha, el odio, el espíritu de venganza. Es también el color del castigo y de la justicia. Aporta vitalidad y lucha contra la anemia y la bulimia.

Rojo vivo. Aumenta la ironía, los reflejos, incita a la lucha, pero es más apto para la defensa que para el ataque. Es un color con el que se puede causar un maleficio; provoca movimientos extraños, inquietantes y peligrosos. El color negro sobre el rojo oscuro concibe ideas de odio y de maldad.

Bermellón. Es vital, favorece tener mano izquierda, excita la inteligencia, aumenta las cualidades defensivas y la rapidez en los reflejos. El bermellón vuelve diplomático, tenaz. Permite beneficiarse de los demás.

Granate. Tiene más o menos las mismas cualidades que el bermellón. La tradición considera que este color favorece los partos. Realmente, aumenta la resistencia nerviosa y endurece a las personas tanto en el ámbito moral como en el físico.

En la magia, el rojo puede utilizarse negativamente para cuestiones de odio, de crueldad y de venganza.

El rojo se utiliza positivamente, pues Marte puede ser tan defensivo como atacante. El fuego rojizo protege de los animales salvajes.

El rojo simboliza el amor; el rosa rojizo, una prenda de amor en el mundo físico.

En la alquimia, un hombre rojo es la personificación de la materia primera de la piedra filosofal. Los dragones rojos y blancos juegan un papel importante en el simbolismo alquímico.

La asociación del rojo con el amor y la lubricidad extrema es casi universal.

Aspectos positivos

El calor y el ardor, la salud, la fuerza, la sexualidad, el coraje, el vigor, el amor físico y divino, la exuberancia, las creaciones, el dinamismo, la estimulación, el entusiasmo, el nacimiento, la generación y el triunfo.

Aspectos negativos

El odio, la lujuria, la cólera, la pasión descontrolada y primitiva, el ataque, la fuerza, la anarquía, la rebelión, el peligro, el motín, la guerra, la sangre y las efusiones, la violencia, la crueldad y la venganza.

Negro

El color negro se utiliza para el rechazo, el odio y la mala suerte.

Es casi inevitable hablar del negro sin hacerlo también del blanco, y viceversa.

La gestación de toda especie pasa por la oscuridad de su propio reino en ebullición. El negro representa generalmente las etapas iniciales del crecimiento.

En lo que se refiere al rito de velas, el negro se considera negativo, ya que niega los colores, los actos, los pensamientos, el objetivo y a las personas.

El negro fija las cosas y los pensamientos. Es un factor de duración y de constancia, de prudencia y de sabiduría.

Este color está ligado, por naturaleza, a la noche, a la oscuridad y a la muerte, que es la noche, que acaba con un día del hombre en la tristeza y el luto. El negro representa el mal, el poder de Satán y de las potencias de la oscuridad.

En alquimia, el negro representa la muerte y la putrefacción, la muerte y la tierra, pero también la germinación y la vida nueva que nace en las profundidades de la oscuridad.

En el arte religioso, el Diablo y sus legiones se revisten de negro o de colores muy oscuros.

Pensamientos negativos

La depresión, la melancolía, el desánimo, la desesperación, la tristeza, el pesimismo y el abatimiento.

Gente negativa

Los que se enfadan, se oponen, limitan y hacen obstáculo; los malvados, odiosos, rencorosos y hostiles, y los que quieren el mal para los demás.

Actos negativos

Los perjudiciales, malvados y dañinos; el abuso, el sabotaje y la ruina; la calumnia y la difamación, la denigración y la malevolencia.

Blanco

Este color se usa para la pureza, la sinceridad y la verdad.

El blanco indica la limpieza, la pureza y la inocencia.

En el arte religioso, el Cristo se representa habitualmente con ropa blanca, así como los ángeles y el justo, en el cielo.

El blanco desarrolla las cualidades pasivas y calma las cualidades excéntricas. Da paz al alma, ayuda a las reconciliaciones, preserva de los maleficios y de los malos pensamientos. Es un factor de suerte.

En la alquimia, el tinte blanco es el nombre que se le da a una preparación que convierte todo metal vil en plata.

El blanco tiene también cualidades negativas como lo muestra nuestro hablar cotidiano. Entre ellas están la debilidad, la impotencia y la cobardía. Parte de su simbolismo negativo proviene del hecho de que los colores pálidos siempre se han asociado a la anemia o a la falta de vigor.

Los ejemplos de oposición entre el blanco y el negro abundan en el ocultismo. El más evidente es el del camino de la derecha, que es constructivo y blanco, en contraposición con el de la izquierda, que es destructivo y negro.

Aspectos positivos

La limpieza, la inocencia, la bondad, la luz, la paz, la modestia, la espiritualidad, la sinceridad, la verdad, la pureza, la sencillez y el espíritu.

Aspectos negativos

La debilidad, la delicadeza, la impotencia, la cobardía, la anemia, la falta de vigor, la falta de vitalidad, la timidez; el debilitamiento, la impureza y la depravación.

Azul

Este color se utiliza para obtener éxito en sus empresas, para que sus negocios administrativos funcionen, para ganar en los juicios, para obtener suerte y favorecer la fuerza.

El azul se asimila con frecuencia a los niveles, al espacio, a la altura y a la profundidad, al cielo azul sobre el mar azul.

Es un color de equilibrio, que tiende a moderar los excesos y a restablecer a quien recibe las radiaciones su temperamento inicial.

Simboliza la sabiduría divina manifestada por la vida. Ayuda a descubrir la verdad y contribuye a dar una buena reputación.

Favorece la asimilación, la nutrición y la circulación. Sus radiaciones propician la generación.

Azul oscuro. Refuerza la resistencia pasiva y las disposiciones egoístas. Este tono da apatía, inconstancia e indiferencia. Es un factor de suerte y de prevención de accidentes.

Azul cielo. Protege también de las lesiones y de los accidentes, hace crecer la personalidad y el espíritu de iniciativa y facilita la llegada de concepciones originales.

Azul claro. Aporta calma, timidez y prudencia; aumenta el optimismo. Este tono disipa el temor, el miedo al mañana, se recomienda sobre todo a jóvenes y a niños. Ayuda a digerir y aleja las pesadillas. Calma las crisis cardíacas y los movimientos convulsivos.

Aspectos positivos

La fidelidad, la inspiración, la verdad, la tranquilidad, la comprensión espiritual, la serenidad, la intuición, el amor hacia los actos divinos y la piedad.

Aspectos negativos

La frialdad, la depresión, la reserva, la melancolía, las lágrimas y los lloros, la emoción, la tristeza, la falta de simpatía, la oscuridad, la pesadumbre, un enfriamiento de todo lo que anteriormente era caluroso.

Amarillo y naranja

Los colores amarillo y naranja se utilizan para la suerte, el éxito, el aprecio hacia los otros, la popularidad, la felicidad, la fe, la gloria, el aumento de fuerza y pensamiento, la aceleración de una curación.

El amarillo es un color que tiene muchos significados, como los tiene Mercurio, a quien representa. Mercurio corresponde a su vez al arcángel Rafael, a Hermes Tristmegiste y a Thoth de los Egipcios. Este color se utiliza para representar el color del Sol y del oro, el más precioso en todo el planeta, un símbolo de perfección, de riqueza, de poder y de gloria. Si embargo, el color inicialmente utilizado por el Sol era el naranja, que une el amarillo y el color elemental del fuego, que es el rojo, pues el Sol es un planeta de fuego.

Es un color que calienta, anima, difunde y exalta. Favorece el esfuerzo intelectual, la ciencia, los estudios y todo lo que proviene del pensamiento o del alma. Convierte en dominante, justo, aplicado y atractivo. El amarillo eleva el espíritu, dispone a la sobriedad y a la longevidad. Es preciso, sin embargo, que el amarillo sea de un tono cálido, que recuerde el oro, que se acerque más al rojo que al verde. Se puede emplear en las dolencias linfáticas, cuando el temperamento es húmedo. También está indicado para las enfermedades de hígado, para los problemas de bilis. Es un calmante sexual; frena las disposiciones frenéticas.

Anaranjado. Tono amarillo que contiene más el rojo que el color oro, da un gran dominio sobre sí mismo y sobre los demás. Es muy vital; da una audacia reflexiva y constancia en el esfuerzo. Calma todo exceso. Regula las funciones circulatorias, elimina los dolores uterinos y hace reposar la vista.

Marrón. Como el granate, aumenta la fuerza nerviosa. Es un color mediador, sutil, intuitivo. Da generosidad, intelectualidad y comprensión. Es un color que desarrolla la percepción y la intuición.

En astrología, el Sol y Mercurio son astronómicamente inseparables y, para los cabalistas, intercambiables. Cuando el amarillo se une al rojo para dar lugar al naranja, el resultado es tonificante, energético, emocional, vivificante. Por otro lado, su unión con el planeta Mercurio, el del intelecto, del poder y del pensamiento, de la escritura, del lenguaje y del alfabeto, reafirma al amarillo como el color de la mentalidad.

Aspectos positivos

Felicidad, vida, alegría, ilusión, buen humor, luminosidad, agilidad, predisposición de espíritu, intelectualismo, poder o fuerza mental.

Aspectos negativos

Cobardía, envidia, desconfianza, sufrimiento y enfermedad, pobreza y ruina, adulterio, perfidia, inestabilidad, enfermedad o apariencia enfermiza.

Verde

Este color se utilizará para el dinero, la seguridad económica y el éxito.

El verde es uno de los colores más importantes dentro del simbolismo occidental y para los dioses celtas en particular. En todo Occidente, este color simboliza la bondad de la naturaleza y el retorno a la vida.

Los tonos verdes son numerosos y, según los gustos, se comparten las opiniones. Los tonos claros tienen una cierta tendencia a disminuir la personalidad o a afeminar. Los tonos oscuros aumentan las cualidades centrípetas como la concentración, el egoísmo y la prudencia.

Simbólicamente, el verde indica caridad, sabiduría, creación, realización, pero también marca la degradación infernal y la locura.

Verde claro. Sus efectos son muy parecidos a los del azul claro. Es un color calmante, moderador; aporta timidez, discreción, pudor; inclina el alma a la quietud; acrecienta el amor a las formas y desarrolla el sentido artístico. Sus radiaciones mejoran los estados de congestión y luchan con eficacia contra las hemorragias.

Verde tenue. Influye sobre el organismo relajándolo; dispone a la sensualidad; hace desear el bienestar y contribuye a su venida. Es un color que favorece mucho más los aspectos relacionados con la suerte, el ocio y la imaginación que la actividad y el trabajo.

Verde oscuro. Cierra, fija y contrae. Este color aporta disposiciones egoístas, vuelve ávido de victoria y acrecienta los apetitos materiales. Da vitalidad y virilidad, aumenta las necesidades sensuales. Por lo demás, los verde oscuros son numerosos. Calman los nervios, la epilepsia, las enfermedades inflamatorias de los riñones, las membranas mucosas, la pleura.

Una habitación pintada de verde, con algunos motivos amarillos, se convierte en un lugar agradable, que aporta paz mental y que ofrece protección contra los malos espíritus.

El verde es también uno de los colores del planeta Venus y de su signo, Tauro.

En la alquimia, se dice que el verde es el color del Espíritu Santo. Se califica como buen jardinero a los que «tienen el pulgar verde». Para la recuperación y la realización, el verde es un magnífico símbolo de esperanza, de vida y de paz, de espíritu reflexivo y de mente elevada.

El verde es el símbolo de la energía, de la fertilidad, de la vida nueva, del crecimiento y de la caridad.

Cuando el verde se oscurece con el negro, denota envidia, celos, sospechas y supersticiones.

Aspectos positivos

Calma, inmortalidad, juventud eterna, nacimiento, estabilidad, fuente de felicidad, placer, tranquilidad, crecimiento, primavera, abundancia, fertilidad, equilibrio y vida.

Aspectos negativos

Celos, envidia, enfermedad, avaricia, cobardía, cólera, desacuerdo, lucha, desorden, sospecha, rencor.

He aquí algunas combinaciones de velas deseables para diferentes aspectos. Verde y:

♦ violeta, para las ganancias y el dinero.
♦ rosa, para la alegría y la fertilidad en el amor y en los asuntos sentimentales.
♦ blanco o plata, para el crecimiento y la imaginación, la clarividencia natural y las cuestiones femeninas.
♦ negro, para limitar y restringir el crecimiento.

Rosa

El rosa se utilizará para el amor, el matrimonio, la ternura, el afecto, las relaciones estables, el aspecto romántico del amor.

Es el color del amor, el color del planeta Venus y de su signo, Libra, que es el maestro y el signo de la Casa VII del zodiaco.

Es un color compasivo; inclina hacia la bondad y la indulgencia. Transmite equilibrio y es atractivo. Ayuda a ofrecerse. Dispone a la voluptuosidad, a la felicidad, al ocio. Adormece y calma. Desarrolla el sentido artístico y la sensibilidad. Las radiaciones rosas combaten las irritaciones y las turgencias de la piel.

Favorece la vida social, las bodas y todo tipo de uniones conyugales. Este color es el emblema de las virtudes idealizadas de los romances, de la gentileza y del afecto. Es también el color de la modestia.

El rosa proviene de la adición del blanco sobre el rojo. El blanco debilita el aspecto destructivo e impetuoso del rojo y lo hace menos egocéntrico y menos estimulante. Da un color alegre y menos apasionado.

El rosa es el el resplandor más bello del rojo y representa la belleza, la esperanza, el amor y la moralidad.

Gris y plata

El gris y el plata se utilizarán para la dulzura, la poesía, la armonía familiar o para tentar una reconciliación.

Este color muchas veces se concibe como neutro. Ya que se sitúa entre el negro y el blanco, o bien contiene cantidades iguales, o bien el predominio de uno sobre el otro.

Este color va del negro al blanco, tomando tonos diferentes.

Gris claro. Desarrolla las cualidades pasivas físicas e intelectuales: inercia, *farniente*, memoria, intuición, imaginación. Es un tono descansado que facilita el recogimiento y que protege de los indiscretos y de los curiosos. Previene de los riesgos de accidentes y lesiones.

Gris oscuro. Se acerca al negro, tiende a estabilizar, a fijar, a contraer; dispone al respeto y a la austeridad, a la paciencia, al método, a la fidelidad; ralentiza todas las funciones y puede ser un elemento de duración y longevidad.

Desde un punto de vista positivo, el gris y el plata denotan edad, madurez y sabiduría; por el contrario, la senilidad, la vejez y la segunda infancia son sus aspectos negativos.

La madurez o la vejez pone el pelo de color gris o blanco. El gris representa a menudo el luto. Es el color de la indiferencia y de la inercia, el color de la ceniza cuando el fuego está apagado.

Pardo

La relación de este color con la tierra lo asocia con la solidaridad, con la actividad y la firmeza. Significa plantar en una tierra rica, para el crecimiento y la fructificación. Posee fuertes asociaciones con el otoño. Es uno de los colores del signo de Virgo, signo natural del zodiaco, en el que el verano se muda en otoño.

Marrón. Como el granate, aumenta la fuerza nerviosa. Es un tono mediador, sutil, intuitivo; da ingenio, intelecto, comprensión y desarrolla la percepción y la intuición.

Púrpura

El púrpura se utilizará para la autoridad material y espiritual, el prestigio y el rango social.

Este color se asociaba con frecuencia al emperador de los romanos. La razón de ello es que el púrpura era un color muy difícil de conseguir: sólo la aristocracia, los magistrados y los cuerpos del ejército podían permitirse el lujo de obtenerlo. De este modo se convirtió en el color del lujo y del poder.

Bajo el dominio del planeta Júpiter, el púrpura siempre ha encarnado la realeza, la preeminencia y la clase elevada de la riqueza y de la autoridad.

El planeta Júpiter dirige las religiones, la filosofía y todas las cuestiones que estimulan y ocupan la parte noble del espíritu, oponiéndose a la menos noble.

A partir del púrpura, que es casi rojo, la tonalidad violeta muestra una gama infinita de tonos, tanto equilibradores, cuando el azul domina, como excitantes, cuando lo hace el rojo.

El púrpura es un color moderadamente neutro, que no es ni cálido ni frío, porque combina el rojo y el azul. El rojo era el símbolo del más allá, para los antiguos Egipcios, y el azul, el color de la eternidad.

Júpiter une este color con la riqueza y con los éxitos económicos, que a su vez representa la Bolsa.

Por lo tanto, el púrpura significa el éxito, el rango social, el prestigio y la realización de los deseos del corazón. Su parte negativa es el abuso de poder de forma tiránica y despótica, y la voluntad de poder a toda costa.

Violeta

El violeta se utiliza para la piedad, el sentimentalismo, la sabiduría, la bondad, la meditación y la calma.

Se dice que la flor que lleva el mismo nombre ha nacido de la sangre del héroe griego [Ajax]. El violeta es un color real. Encarna el sacrificio y la perseverancia, la piedad y el sentimentalismo.

Es un color espiritual, físico, dotado de sabiduría, reverencia, idealismo y dignidad. Denota también meditación y aspiración.

Es un color calmante, que puede actuar como tranquilizante y como sedante, produciendo letargia, melancolía y sueño. Se considera un color serio que a veces sugiere un estado melancólico y triste.

Es símbolo de la inocencia, del amor a la verdad y de la veracidad del amor. Tiene la particularidad de alcanzar estados elevados, pero a menudo es aureola de misterio.

Malva. Desarrolla cualidades expansivas sin exageración: bondad sin debilidad e indulgencia sin pusilanimidad. El violeta favorece la palabra, corrige o atenúa el tartamudeo y combate la anemia. Este color da entusiasmo y ganas de vivir pero, como el verde, aumenta el apetito y, a menudo, el egoísmo. Es propicio a los esfuerzos intelectuales y favorece la ambición. Sus radiaciones desintoxican y limpian el organismo.

Lavanda

Este color espiritual proviene del púrpura aclarado con el blanco. Es calmante y delicado, y simboliza el afecto. Un color puro de lavanda representa algo positivo, mientras que un color violeta puro representa algo negativo.

Dorado

El dorado se utilizará para la suerte, para el éxito en las actividades financieras, la fraternidad, el gozo, y en algunas ocasiones, para la fortuna y el contacto con el invisible.

El oro es el metal perfecto que evoca al Sol en toda su simbología: fecundidad, riqueza, dominio, foco de luz, conocimiento, resplandor.

El dorado refleja la luz celeste. Ésta es la razón por la que en casi todos los rituales hay presente una vela dorada.

6
La obra mágica

Antes de abordar el estudio de la magia y de sus rituales propiamente dichos, conviene definir qué es un acto mágico y cuáles son los componentes necesarios para la aplicación de los rituales. Podemos distinguir, a partir de ahora, tres tipos básicos de magia:

♦ La magia negra o brujería.
♦ La magia ceremonial o alta magia.
♦ La magia sagrada o espiritismo.

La magia es una práctica muy compleja que se reserva únicamente a los iniciados. El estudio de las principales etapas, pasando por su realización, le permitirá captar mejor su complejidad.

Para que el éxito de un acto mágico se obtenga, deben superarse tres etapas esenciales:

♦ El objetivo.
♦ El deseo.
♦ El acto.

Para que un acto mágico tenga influencia y sea verdaderamente operativo, es importente que el mago formule una intención determinada que, por la intensidad del acto, obtendrá un éxito completo.

EL OBJETIVO

Constituye el principal aspecto del rito, sin el cual no tendría razón de ser. Permitirá canalizar las fuerzas necesarias para el cumplimiento del acto mágico.

La intención antecede la realización de todo proyecto, sea cual sea su naturaleza. La fuerza de voluntad determinará el éxito o el fracaso de la obra emprendida.

La tradición del hermetismo cristiano asocia este principio de la intención y de la voluntad con la primera persona de la Trinidad, el Padre.

EL DESEO

Si el primer principio puede asimilarse a la semilla que se planta para obtener un fruto, el segundo principio se parece a la savia que permite a la semilla germinar y crecer.

Este principio se emparienta con el dominio del amor y de la sabiduría. La tradición del hermetismo cristiano lo asocia con la segunda persona de la Trinidad, el Hijo, es decir, el Verbo.

En todo acto mágico la intención se expresa mediante palabras de poder pronunciadas en función de la vibración que representan. Estas palabras son verdaderos vehículos de energía del pensamiento y de las fuerzas psíquicas que lo acompañan.

EL ACTO

El último momento del acto mágico se cumple gracias a los gestos que en sí mismos constituyen el ritual propiamente dicho.

Se asocia el gesto al poder de la acción. El hermetismo cristiano lo emparienta con la tercera persona de la Trinidad, el Espíritu Santo.

Por el gesto, la intención ha adquirido una intensidad tal que le permite obtener la plena realización. El objetivo, de este modo, se ha alcanzado.

Ésta es la razón por la que todas las tradiciones mágicas emplean una ciencia compuesta por gestos de poder que permiten el encantamiento y la canalización de energías de naturaleza psíquica o espiritual.

Vamos a abordar brevemente los diferentes tipos de magia, que no estudiaremos a fondo, ya que no es el objetivo de este libro.

La magia negra o la brujería

En un acto de magia negra, el mago tiene necesariamente que subordinar su voluntad a una autoridad externa, es decir, a una fuerza demoníaca, que se expresa en la conciencia del hechicero de la misma manera que lo haría mediante un médium.

En el momento de la ceremonia mágica, el hechicero se compromete con un pacto a anihilar su libertad y a poner a la disposición de una entidad demoníaca su propio destino. A cambio, ésta se compromete a dar al hechicero una ventaja material o sentimental.

La magia negra está motivada esencialmente por la esperanza de saciar un deseo egoísta. Para ello es necesaria la alienación de la voluntad propia del mago en beneficio de la potencia demoníaca, el empleo de una fórmula ritualista secreta y, finalmente, lo más frecuente, un acto de naturaleza sexual, ausente de amor en todo caso.

La magia ceremonial o la magia alta

En la magia ceremonial, la voluntad propia del mago refleja la intención. En este caso, la voluntad demoníaca no actúa sobre la voluntad humana, sino que esta última es la única que el mago utilizará.

Solamente las personas con una gran fuerza psicológica pueden trabajar a este nivel. No pasa lo mismo con la magia negra, ya que cualquier ser mediocre puede perfectamente realizar un acto ritual de ese tipo.

En el caso de la magia ceremonial, la disciplina se convierte en un verdadero principio: es el único medio por el cual el mago puede acceder a las energías espirituales presentes en un plano superior, en virtud de la ley de compensación. Esta ley permite, a cambio de la aportación de energías superiores, hacer un sacrificio que puede ofrecerse libremente. De este modo, una privación consciente y voluntaria (el sacrificio) permite tomar de otra fuente una energía de la misma intensidad.

Por este principio algunos exorcistas o magos ayunan y viven con pesadas abstinencias, antes de proceder con sus rituales. En compensación, obtienen un aumento de sus fuerzas espirituales. El aspirante a mago ceremonial deberá, por tanto, ser disciplinado y constreñirse a una ascesis, a un entrenamiento riguroso.

El mago, además, deberá llevar un modo de vida en el que excluya toda pérdida o derroche de energía espiritual.

Si el mago quiere practicar la magia ceremonial tendrá, por último, que desarrollar en sí mismo el equilibrio justo entre las dos fuerzas que interactúan en toda actividad humana. De modo que la imaginación del mago se canalizará hacia una sola dirección, que le permitirá realizar su objetivo.

La gnosis es el elemento característico del segundo aspecto del acto mágico: el objetivo. Para practicar la magia ceremonial es necesario conocer las ciencias ocultas que rigen las energías y las potencias sutiles de nuestro universo. Entre estas leyes ocultas, mencionemos particularmente la ley de analogía, o ley de correspondencias: uno de los principios fundamentales de la gnosis.

El mago, en un principio, para poner en práctica la magia ceremonial, tiene que conocer las leyes ocultas que rigen el Universo. La magia es una ciencia práctica que requiere unos conocimientos teóricos preliminares sobre ocultismo.

La magia alta se basa en la gnosis, en el sentido que parte de un conocimiento científico del mundo material y de los planos invisibles.

En cuanto a la magia, ésta es el estudio y la práctica del manejo de las fuerzas secretas de la naturaleza. Es una ciencia pura o peligrosa, como el resto de las ciencias.

Para descubrir y, seguidamente, aplicar las fórmulas de poder, el mago debe tener por fuerza una erudición e investigar sobre el ocultismo.

El poder de la expresión, en magia negra, se restringe por su carácter secreto; se reserva al erudito y al iniciado experimentado.

El tercer aspecto inherente al acto de magia ceremonial se compone de posturas que derivan de la gnosis. Existen diferentes maneras de colocar el cuerpo, los brazos, las manos y los dedos para concentrarse, captar y canalizar ciertas energías.

He aquí dos posturas utilizadas frecuentemente en la magia ceremonial de invocación:

♦ Extender las manos y alzar los ojos hacia el cielo para expresar con el cuerpo la imagen de la disposición de nuestra alma, durante la oración. Esta posición, las manos extendidas al cielo con los brazos en forma de semicírculo, es la actitud más favorable para recibir energía espiritual.
♦ La otra postura, habitualmente utilizada para los ritos de

purificación o de liberación de pensamientos impuros, consiste en colocar los antebrazos ligeramente dirigidos hacia el exterior y los brazos apoyados a lo largo del cuerpo. Esta postura crea, en el plano físico, una activación etérea del cuerpo del individuo, ya que las manos se colocan en su periferia.

De este modo, la energía espiritual permite una purificación de los recuerdos impuros situados en los planos superiores del cuerpo esotérico.

La posición de las manos asume también una importancia determinante. Así, las manos, en el momento de la oración, tienen que estar generalmente juntas, con los pulgares cruzados, el derecho sobre el izquierdo. Cuando una persona reza, su aura adopta la forma de un cono que se eleva hacia el plano espiritual, y la energía desciende en ella desde la cabeza hacia las manos. El hecho de cruzar los pulgares (los dedos que mejor transmiten la energía) impide que la energía se derroche inútilmente, de tal modo que permite un crecimiento de energía espiritual y una mejor purificación por parte del que reza.

Las manos pueden igualmente disponerse de forma que la extremidad de los dedos se coloque a la altura de la boca. Los pulgares, sin cruzarse, se dirigen hacia el cuello y actúan así de manera significativa sobre el chakra de la laringe, aumentando la fuerza de una fórmula pronunciada.

Los pulgares pueden también orientarse hacia el centro del pecho, a la altura del corazón (chackra cardiaco). Los pulgares dirigen entonces su energía hacia un lugar más íntimo del ser, hacia su propio mundo emocional. Esta actitud permite una relación más íntima con las jerarquías espirituales y puede adoptarse para encontrar el alivio en un momento de desesperación, o en otros términos, en un momento en que se necesita profundamente un sostén espiritual.

En resumen, mediante el acto de magia ceremonial, el mago ordena, conjura y dirige las energías: él impone su voluntad.

La magia ceremonial se practica por amor al prójimo y puede resultar muy saludable. Puede constituir un puente formidable para alcanzar la magia sagrada y para crear un ámbito propicio para la teúrgia.

Si se practica por una voluntad egoísta, para obtener dominio y poder, la magia ceremonial se acercará a la magia negra.

Una práctica de este tipo puede ser excesivamente peligrosa: el mago se expone a diversos problemas –accidentes cardiacos, choque de retorno, desórdenes sexuales y mentales–, corre un fuerte riesgo de caer inevitablemente en la temible y sutil trampa de la megalomanía espiritual.

Para evitar hundirse en las fuerzas de la oscuridad, el mago deberá practicar con devoción la plegaria y la invocación de las jerarquías angélicas, antes de todo acto ritual. La plegaria y la invocación permiten establecer un puente, una estrecha relación con los planos divinos. Esta práctica permite asegurar previamente la perfecta legitimidad del acto mágico, preservando el mago una cierta forma de orgullo espiritual.

«Padre, abriéndome a las potencias invisibles que rodean el trono de la gracia, de la bondad y de la autoridad, encuentro protección y creación en el pensamiento del Cristo cósmico».

La magia sagrada o teúrgia

La tercera categoría de acto mágico consiste en la magia sagrada o teúrgica, que significa «operación divina».

Si una plegaria es, en su esencia, una petición a Dios y por la que la voluntad humana se acerca a la voluntad divina, la teúrgia es la magia del amor. En efecto, el amor es el principio de todo acto de magia sagrada.

7
Los elementos complementarios de la magia

«La magia es el estudio y la práctica del manejo de las fuerzas secretas de la naturaleza. Es una ciencia pura o peligrosa como el resto de las ciencias. Y es necesario que el estudiante se dé cuenta de este hecho: es antiiniciático afirmar que el estudio de la magia es perjudicial porque incluye tanto el conocimiento de las potencias del mal como el de las potencias del bien; del mismo modo que sería ridículo tener miedo de la química, bajo el pretexto de que permite fabricar explosivos».

Papus

Hemos visto que:

♦ Para la magia negra, el brujo somete su voluntad en beneficio de una entidad demoniaca. La expresión es una fórmula ritualista secreta, el gesto es generalmente sexual.

♦ Para la magia ceremonial, el mago actúa según su propia voluntad. La expresión se apoya generalmente en la gnosis y el gesto se compone de posturas sagradas.

♦ Para la magia sagrada, el mago adecua su voluntad propia a la de Dios. La expresión se compone de palabras poderosas procedentes de las Santas Escrituras y de la tradición de la Iglesia, que remontan a los tiempos apostólicos. Y el gesto consiste, a menudo, en una posición determinada de las manos.

Como nosotros estudiaremos solamente la magia ceremonial, en la que el mago no se une directamente con el plano divino, es necesario recurrir a la utilización de diferentes complementos para establecer un vínculo estrecho con el plano espiritual.

Entre ellos, las velas y los aromas ocupan un papel preponderante. Son verdaderos intermediarios entre el cielo y la tierra, entre el plano material y el espiritual.

El papel de los aromas

Desde el inicio de la historia de la humanidad, el empleo de los aromas estaba presente en casi todas las tradiciones, principalmente con la función de fumigar.

En un principio se reservaron al culto de los muertos, pues las propiedades antisépticas de las resinas y bálsamos utilizados favorecieron la conservación de los cuerpos. Los aromas jugaron muy pronto un papel mágico en los principales ritos religiosos egipcios, indios, musulmanes, judíos o cristianos.

Así, los aromas han jugado y todavía juegan un papel primordial en la magia ceremonial. Aportan una energía psíquica extraordinaria.

Poseen la facultad de actuar sobre los organismos más delicados del hombre, armonizándolos por una acción estimulante. Producen efectos concretos en el plano psicológico y facilitan ciertos estados de conciencia. Se pueden utilizar para alejar las potencias negativas, para activar la voluntad o la actividad intelectual, para captar ciertas fuerzas espirituales, para facilitar la meditación, o para relajar el estado psíquico y emocional.

No es fácil prevenirle de la utilización que debe hacer de un complemento. Debe ser extremadamente prudente, ya que hace falta tener en cuenta las influencias planetarias presentes el día de nuestro de nacimiento, así como el conjunto de disposiciones físicas que conforman nuestra personalidad.

Existe un cierto peligro en la manipulación del incienso. Por esta razón es preciso que experimente el efecto de cada uno de los aromas que utilizará para observar detalladamente cómo afectan nuestro psiquismo.

> *Cuando quiera experimentar el efecto de los distintos aromas, le aconsejamos que se instale cómodamente en una habitación tranquila para descansar durante unos minutos antes de empezar. Vacíe su espíritu y queme el incienso. Estudie los efectos que le provocan.*

Después de sus sensaciones y de sus reacciones, será capaz de escoger los aromas que más le convengan, en función de sus propias sensaciones y de sus propios sentimientos.

Los aromas tienen la capacidad de modificar la cantidad de vibraciones de la atmósfera, en el lugar en el que se emplean. Aportan una atmósfera psíquica adecuada para la práctica del ritual o para todo acto esotérico predeterminado. Algunos de ellos se utilizarán en un lugar consagrado a la oración; otros, con un propósito de purificación; o simplemente para experimentar bienestar y paz interior.

Los aromas se utilizan para atraer energías espirituales. Constituyen un intermediario entre el cielo y la tierra, entre lo espiritual y lo material.

El papel de las velas

Las velas se emplean en todos los actos religiosos, mágicos e iniciáticos, desde tiempos inmemorables. Tal y como hemos dicho anteriormente, se han utilizado en los ritos religiosos de los judíos, los romanos, los griegos, los etruscos y los cristianos.

Conviene no olvidar que el fuego se ha considerado siempre, por la tradición religiosa e iniciática, un intermediario entre lo espiritual y lo material. Se reconoce universalmente que el hecho de iluminar una vela abre las puertas a los mundos invisibles y que pone en contacto directo con el plano superior.

Gracias a las velas y a los aromas, podrá encaminar, de una manera muy especial, sus oraciones y sus deseos hasta los mundos invisibles. Todo acto iniciático se empieza encendiendo velas e incienso. Es necesario que las velas y el incienso tengan un valor simbólico en la magia. Tiene que desear con ello acceder a los planos más sutiles y superiores, comunicarse con el más allá y tener una fe profunda.

El ritual de magnetización de un complemento mágico

El mago nunca debe utilizar una vela ni un aroma sin que antes se hayan magnetizado.

Magnetizar un objeto es mucho más que una bendición. La magnetización tiene que hacerla un esotérico competente y consiste en la acción combinada del objetivo, de la expresión y del acto propiamente dicho. Se dice que se trata de un acto de magia ceremonial.

La magnetización se hace con el objetivo de aumentar las

vibraciones de un objeto y de conectarlo con lo divino. Se realiza en cuatro etapas: la radiación psíquica, el exorcismo del complemento, la elevación del complemento y la eliminación de la vibración psíquica:

♦ Radiación psíquica

Rodea y penetra el complemento y aparece como un aura. El incienso y las velas poseen una radiación energética llamada asimismo halo luminoso.

Esta radiación es generalmente muy débil y sólo pueden verla algunas personas. Para purificarlo, aumentarlo y programarlo es necesario hacerlo más receptivo.

Para el ritual, es necesario ponerse de pie de cara al este (verifíquelo con una brújula), ante una mesa en la que se encuentre el complemento. Después de orar e invocar a las potencias superiores, respire con calma y profundamente. Al inspirar, visualice una luz blanca que entra por la nariz y se dirige hacia los pulmones. Al espirar, visualice una energía que se concentra a lo largo de los brazos, para estabilizarse en las manos y, a través de ellas, pasar al objeto que quiere magnetizar. Al final, deberá unir las manos para finalizar el ritual.

También puede abrirse el aura del objeto haciendo ante él un signo de cruz. Para ello es necesario desear abrir el campo energético. Pero este método se utiliza normalmente para la teúrgia, más que para el esoterismo.

♦ Exorcismo del complemento

Antes de proceder a la elevación del complemento, es necesario exorcizar el incienso y la vela. Con este exorcismo se aspira a eliminar del objeto todos los recuerdos relativos a su pasado, pues en toda materia se graba lo que pasa alrededor de ella.

En primer lugar, respire profundamente, de manera que se libere de toda tensión acumulada. Después, ponga las manos sobre el objeto y, mientras espira, visualice una energía violeta.

♦ Elevación del complemento

Para la elevación, es necesario visualizar una luz roja que le entre por los pies y que se dirija hacia sus manos, hacia el objeto, hasta que lo rodee enteramente. Mientras tanto, concéntrese en una intención precisa: curación, protección, trabajo, amor, pero siendo muy concreto.

♦ Eliminación de la vibración psíquica

Exprese su intención de eliminar la vibración y de restaurar la energía psíquica inicial. Haga una cruz sobre el objeto y sepárese de él psíquicamente.

En este estado, el complemento mágico está preparado para su uso en un trabajo específico.

8
Los aromas

Los aromas puros se representan bajo la forma de resinas o de maderas odoríferas. No están compuestos por ninguna sustancia química.

Para los rituales elaborados, utilice preferentemente el incienso en polvo, que tiene la particularidad de ser mucho más puro, en comparación con los conos y los bastones que se venden en las tiendas.

Antes de empezar con la experimentación de los rituales, se recomienda estudiar seriamente los principales aromas, su composición y de examinar sus efectos. De este modo sabrá bien cuáles le irán mejor y de cuáles deberá prescindir.

Tabla de las correspondencias entre los aromas
y los siete astros tradicionales:

Aromas	Astros
Olíbano	Sol
Mirra	Luna
Gálbano	Marte
Masilla	Mercurio
Benjuí	Júpiter
Sándalo	Venus
Estoraque	Saturno

El olíbano

El olíbano es el aroma más común y el más utilizado en la tradición mágica. Esta resina se recoge arrancando capas finas de corteza de un árbol sagrado de la familia de las burseráceas, que crece en regiones de África, de la India y de Arabia.

La tradición judeocristiana ha dado mucha importancia a este aroma, porque está asociado al Sol y a las virtudes espirituales vinculadas a este astro. La Biblia menciona su uso más de cuarenta veces.

En cada aroma se distinguen propiedades místicas, psicológicas y físicas. En el plano místico, encender el olíbano favorece ciertas experiencias y, más particularmente, el desarrollo de un sentimiento de unidad con Dios. Por esta razón se utiliza sobre todo en las escuelas esotéricas como apoyo religioso e iniciático, ya que permite experimentar una intimidad profunda con el espíritu y con la presencia divina.

El olíbano tiene también reputación por sus innumerables virtudes psíquicas. Todos los magos y esotéricos reconocen que es el incienso universal. Es el que más se utiliza en la magia, pues provoca una fuerte radiación, en la que el mago puede centrar su atención.

Su característica más importante es su sorprendente poder de purificación. Y su principal propiedad solar es su capacidad para aumentar las vibraciones del lugar.

La mirra

La mirra es, con el olíbano, uno de los aromas más conocidos en la tradición judeocristiana. Esta resina proviene de muchas especies de arbustos, entre los que el más común es el balsamero, originario de Arabia.

En el plano místico, la mirra favorece el despertar interior y tiene una importancia primordial en el plano iniciático. Favorece la reconciliación con la madre y desarrolla en el mago una sensibilidad superior a las fuerzas de la vida que en él circulan.

También tiene reputación por sus cualidades psíquicas, sobre todo por su acción en la circulación de la sangre y en la linfa. Facilita de este modo los ejercicios de respiración y relajación, aumentando la eficacia de los ejercicios espirituales allí donde es necesaria la fuerza de la imaginación.

Actúa sobre las estructuras psíquicas para hacerlas más receptivas. Ésta es la razón por la que se le reconoce el poder de despertar las disposiciones mediáticas.

La mirra posee también propiedades purificadoras, como la mayor parte de los aromas. Su característica principal reside, en cambio, en su acción directa sobre la fuerza de la imaginación, confiriendo más densidad a los pensamientos y a las emociones.

El gálbano

El gálbano es hoy en día un aroma menos conocido, pero anteriormente se utilizó mucho por su asombroso poder para fijar los olores. Entró en la composición de numerosos perfumes y se utilizó también en medicina.

El gálbano se extrae de la *ferula galbaniflua* que, una vez se corta, segrega un líquido lechoso que se endurece rápidamente al aire libre. Su extracción daba lugar a ritos de carácter mágico y tradicional innegable.

La tradición judeocristiana también usó este aroma: se nombra incluso en la Biblia.

En el plano místico, el gálbano se asocia al camino astrológico, y los magos astrólogos le atribuyen un fuerte carácter marciano. Se quema para facilitar el despertar de la energía dinámica.

Se debe utilizar con mucha precaución y disciplina para que su uso sea eficaz, pues las fumigaciones de gálbano pueden despertar de repente ciertas fuerzas internas dificilmente controlables. Tiene que utilizarse bajo la supervisión de un iniciado con experiencia y reconocido por sus cualidades psíquicas, con el objetivo de despertar estas fuerzas que descansan en el fondo de su ser. El mago trabaja para despertar las fuerzas latentes que anidan en la base de su columna vertebral, en el centro de la raíz.

También se utiliza mucho en los ejercicios de alquimia, en general, así como para los trabajos de programación de los centros de los chakras, en las órdenes iniciáticas y en algunas órdenes religiosas.

La masilla

La masilla es un aroma muy poco utilizado en la tradición del hermetismo judeocristiano. De todos modos, es un complemento muy eficaz en la práctica de la magia ceremonial. Es bastante difícil de encontrar, aunque depende de las regiones.

Los magos asocian este aroma a Mercurio y a las características fundamentales de este planeta.

En el plano místico, la masilla aporta al aspirante una experiencia en ocasiones problemática, con la que descubre y siente profundamente lo que es la libertad. Se familiariza con un sentimiento profundo de liberación, necesaria para el desarrollo iniciático: se caracteriza por un desapego tanto físico como psicológico.

Se usa para favorecer una toma de conciencia, para las regresiones de conciencia y los ejercicios de sofrología. Acentúa las facultades del pensar y del razonamiento.

Se aprecia por sus poderosas propiedades psíquicas. Protege al mago, acentuando su capacidad de concentración y de materialización.

La fumigación de la masilla se tiene que hacer con precaución y discernimiento, ya que acentúa los pensamientos y las emociones del mago, tanto positivas como negativas.

Finalmente, ayuda al desarrollo del carisma y de las facultades de comunicación. Se usa para transmitir a una persona alejada un mensaje, un sentimiento o una determinada energía.

El benjuí

El benjuí, de aspecto jupiteriano, se utiliza principalmente en perfumería, por su olor tan agradable; y en medicina, por sus propiedades antisépticas, cicatrizantes y expectorantes. Existen dos tipos específicos de benjuí:

♦ el llamado de Sumatra, en ocasiones asociado a Mercurio;
♦ el de Siam, denominado también benjuí avainillado, debido a su olor.

El hermetismo cristiano reconoce que las fumigaciones de benjuí favorecen la mística. Además, despierta en el hombre una toma de conciencia que le aporta misericordia y perdón.

En el plano psicológico, libera unas fuerzas purificadoras capaces de eliminar las emociones y los pensamientos impuros. El mago lo emplea para alejar todas las energías negativas y combatir las ideas catastróficas, las tendencias depresivas o suicidas. Despierta y desarrolla la jovialidad y el entusiasmo. Estas dos cualidades son primordiales en el camino de la iniciación, pues el aspirante tiene que adquirir confianza en sí mismo y en los demás, y también valorar cada uno de los instantes de su vida cotidiana.

Se utiliza el benjuí sobre todo en los ritos de exorcismo: alejan radicalmente todos los elementos inferiores. Todos los aromas de exorcismo y de purificación contienen benjuí. Su uso se recomienda cada vez más para la purificación de un lugar.

El benjuí de Sumatra actúa específicamente sobre el intelecto: lo hace más sutil y facilita los pensamientos espirituales. El benjuí de Siam, sin embargo, se utiliza sobre todo para atraer la suerte y la gracia divina.

El sándalo

El sándalo es una sustancia odorífera leñosa, originaria de la India y de Australia, en donde se usa para los polvos farmacéuticos utilizados como antisépticos de las vías urinarias.

El sándalo blanco se extrae de un árbol exótico de las regiones tropicales, que perjudica a las raíces de las plantas que crecen a su alrededor. El sándalo rojo se extrae de una planta que contiene una materia roja que se usa como tinte, la sandalina (santaline).

El sándalo ocupa un lugar importante en las ceremonias religiosas hindúes, debido a la calidad de su perfume y a sus particulares virtudes psíquicas asociadas a Venus.

Este aroma favorece una experiencia mística: la del amor. La fuerza de este amor se siente como una exteriorización y una interiorización al mismo tiempo, como algo que a su vez es corporal y espiritual.

El mago utiliza el sándalo blanco como complemento para las sesiones de oración y de meditación, porque contiene virtudes muy preciadas que contribuyen a aumentar la receptividad de los cuerpos sutiles.

Beneficia la estimulación de experiencias extra corporales y la exteriorización de la conciencia. Si quema este aroma en su habitación a la hora de dormir, fácilmente hará viajes astrales.

Es el aroma más adecuado para los moribundos y para todas las ceremonias que rodean la experiencia de la muerte. Se le atribuye también el poder de protección oculta y contra las enfermedades.

El estoraque

El estoraque es una sustancia que se extrae del estoraque oficinal o alibufero. Es un aroma saturnino, con unos efectos conservadores que los egipcios conocían muy bien, ya que lo empleaban en los ritos de momificación.

Los magos lo utilizan por sus propiedades saturninas. Facilita la experiencia mística en relación con la relatividad del tiempo y la inminencia de la muerte.

Su función característica consiste en acentuar la fuerza psíquica.

El estoraque se utiliza a menudo en las ceremonias de evocaciones angélicas, en las que sirve de vehículo para la materialización. Protege contra las energías nocturnas negativas; por esta razón conviene quemarlo en la habitación minutos antes de irse a dormir.

Hay que usarlo con precaución. Sólo debe utilizarlo el mago especializado, pues los efectos a veces son inesperados y pueden ser peligrosos para el profano.

La utilización de los aromas

Como ha podido observar, la utilización de los aromas es múltiple. El mago se sirve de ellos en general para crear una atmósfera favorable a la realización de un acto mágico predeterminado.

Cuando los aromas se usan del modo adecuado, crean una armonía propicia a la realización y al éxito del deseo solicitado. Ayudan a la meditación, aportan tranquilidad, calma, quietud del cuerpo y del alma. Son un medio de comunicación con las entidades de los mundos superiores y pueden compararse a las flores que se regalan a un ser amado o a alguien a quien agradecemos algo.

El mago habitualmente utiliza los aromas durante las experimentaciones místicas. Para él son una ayuda nada despreciable. Le permiten ser muy receptivo a la energía que desprende el aroma. El mago tiene que adoptar una posición cómoda, sentado o de pie, y esforzarse por respirar profunda y regularmente.

Después de este ejercicio, el mago se irá a dormir inmediatamente. Los últimos pensamientos que le precedan al sueño programarán toda su actividad nocturna. Al acostarse con este estado de ánimo, estará el resto de la noche en los planos sutiles para despertar y desarrollar las cualidades deseadas.

Quien busque desarrollar o reencontrar la alegría de vivir utilizará incienso de benjuí, preferentemente un jueves, en relación con el planeta Júpiter. Al elegir a su vez una hora gobernada por Júpiter, el efecto buscado se acentuará. En el anexo encontrará la lista de las horas planetarias.

Es necesario saber también que los aromas pueden llevarse encima del mismo modo que un talismán. Quien quiera desarrollar en sí mismo el amor colocará en una bolsita de lino o de algodón rosa una cierta cantidad de sándalo rojo, que le conducirá a un nivel de chakra cardiaco. Quien busque liberarse de una influencia negativa podrá llevar encima, al nivel del chakra solar, una bolsita blanca que contenga olíbano pulverizado.

La magia de las velas

La vela es un complemento activo que permite verdaderamente la encarnación de fuerzas psíquicas y espirituales, contrariamente al aroma que genera la atmósfera favorable a la manifestación de estas fuerzas psíquicas o espirituales.

La composición de las velas

Como ya sabe, la vela puede ejercer una cierta influencia sobre el medio que la rodea, pues su composición le confiere propiedades específicas.

Este principio se conoce y se emplea en la magia negra y ceremonial. Por esta razón, el mago nunca utilizará velas compuestas de materia animal, sino las que se fabrican con cera de abeja, símbolo de pureza y de una gran eficacia para la encarnación de energías espirituales.

La cera de abeja es fácilmente magnetizable y graba perfectamente las energías de las que el mago se impregna completamente. Al consumirse, favorece la encarnación de fuerzas espirituales invocadas durante un ritual mágico. Hay otras velas, compuestas en su mayor parte por parafina. Esta sustancia es, sin embargo, menos magnetizable, pero el mago la utilizará en todos sus ritos de purificación, pues este tipo de vela produce una energía que aleja los «elementos», así como todas las energías negativas.

La utilización de las velas

La vela posee, al igual que el aroma, una función de purificación desde el lugar en que se enciende. Su función principal consiste en ser un intermediario entre el cielo y la tierra. La magia de las velas se asocia casi siempre a la plegaria.

Tabla de correspondencias entre los astros,
sus regentes y las piedras:

Astros	Regentes	Días	Piedras
Sol	Miguel	Domingo	Cuarzo
Luna	Gabriel	Lunes	Esmeralda
Marte	Samuel	Martes	Granate rojo
Mercurio	Rafael	Miércoles	Amatista
Júpiter	Sachiel	Jueves	Zafiro
Venus	Anael	Viernes	Citrino
Saturno	Casiel	Sábado	Ónice

Empiece practicando un ritual de oración sencillo. Consiga una mesa, preferentemente de madera, cúbrala con un mantel blanco y colóquela en dirección este. En el centro, ponga una vela astral en una palmatoria, para que se mantenga en vertical y para que recoja toda la cera fundida.

Coloque un crucifijo detrás de la vela. Será un conductor de energía espiritual.

En un quemador de perfume, ponga incienso de la misma vibración que la vela. Colóquelo a la derecha de la vela. Haga el ritual, preferentemente, un día y una hora que coincidan con el carácter planetario de la vela.

De pie, de cara al este, respire con calma y profundamente para liberarse de toda preocupación. Encienda la vela astral diciendo: «Que se haga la luz, y la luz se hizo». Haga un signo de cruz y diga: «En el nombre del Padre, del Hijo y del Espíritu Santo. Amén» y recite en voz alta la plegaria que corresponde al regente planetario. Hace falta tener mucho fervor y perseverancia.

Haga nuevamente el signo de la cruz para cerrar el aura que le protegerá de las fuerzas exteriores negativas que estén presentes.

La palabra «Amén» es importante, ya que estabiliza las fuerzas espirituales emitidas y recibidas.

Finalmente, apague la vela y diga:

«Señor, ilumina en mí el fuego de tu amor y la llama de la caridad eterna. Pongo mi confianza en ti, Señor, porque creo y tengo fe».

Haga como si su plegaria se hubiera acabado. Comportándose de este modo, generará sobre los planos superiores una forma de pensar, muy utilizada desde la creación de los talismanes, que ayuda al cumplimiento del deseo solicitado y que protege de los planos invisibles más nefastos.

10
La preparación de los rituales

1. Encienda el carbón y espere que crepite. Póngalo en el incensario y, si es necesario, ventílelo con un trozo de cartón para que se queme mejor.

   Cuando el carbón se enrojezca, eche por encima el incienso.

   Cuando el ritual finalice, no tire inmediatamente el carbón: espere que esté completamente frío, pues podría provocar un incendio. Para asegurarse de que esté completamente apagado, báñelo con agua.

2. Cuando magnetice sus velas, envíeles sus propias vibraciones. De este modo se impregnarán de sus deseos.

3. Extienda sus manos hacia arriba y cójalas una por una durante aproximadamente un minuto. Después, frótelas con suavidad durante unos instantes, pensando intensamente en lo que les pedirá, ya que éste es el objetivo del ritual.

   Magnetice siempre primero la vela blanca que le representa a usted, el ritualista.

4. No olvide nunca que, para encender las velas, debe utilizar cerillas y que éstas, preferentemente, tienen que ser de madera.

Si dispone de una sola cerilla pequeña y de muchas velas, puede utilizar la vela blanca para encender las restantes, o si no use una vela pequeña para esta única función. De todos modos, es muy fácil encontrar cerillas largas, de esas que habitualmente se utilizan para encender el fuego de las chimeneas. Mantienen su llama por mucho tiempo, de tal modo que se puede seguir con precisión el orden del encendido de las velas.

5. La fuerza mental y la vibración que usted emite atraerá una energía idéntica.

Si se fija en la llama de las velas y se concentra en su objetivo, una gran parte de su fuerza mental se condensará en sus llamas. El poder del espíritu entonces actuará para realizar sus deseos.

El mejor medio para obtener lo que usted desea consiste en visualizar su objetivo con precisión.

Si trabaja en la construcción de esta imagen mental, en cada nuevo ritual aparecerá más clara.

6. ¡Jamás sople las velas! Es necesario utilizar para ello un apagavelas o fabricarse uno con papel de aluminio. Apáguelas en el orden inverso en que las encendió.

Para el mago, apagar las velas forma parte integrante del ritual. En ningún caso hay que desatenderlas.

7. Después de cada ritual, aunque algunos piensen que no es necesario, conviene deshacerse de las velas, tanto si se han consumido del todo como si no.

Como en cada ritual éstas se impregnan de vibraciones extremadamente precisas, en relación con el objetivo escogido, las velas siempre tendrán que ser nuevas. Las vibraciones que provienen de otras fuentes podrían anular las del propio ritual.

¡Nunca caiga en la tentación de encender una vela que ya ha utilizado anteriormente!

8. El incienso que utiliza en cada ritual se encargará de dirigir su petición hacia el cielo. La ofrenda del incienso sella una alianza entre el hombre y la divinidad.

   El simbolismo del incienso proviene de su perfume, del humo y de las resinas que lo componen. Su empleo en la magia blanca es un complemento que favorece las evocaciones de entidades benéficas. Es un privilegio de los dioses. Uno de los reyes magos ofreció incienso al niño Jesús.

   El incienso está en estrecha relación con el elemento aire. Simbólicamente, representa la percepción de la conciencia.

9. No crea que obtendrá lo que usted desee con sólo encender unas cuantas velas y un poco de incienso. Aunque practique rituales muy simples, tendrá que hacer un mínimo esfuerzo, si quiere pasar del mundo profano al mundo de las entidades superiores.

   Antes de todo acto mágico, sea cual sea su objetivo, es necesario que siga escrupulosamente estos consejos:

   ♦ Concéntrese. Olvídese de todo lo que no corresponde al momento presente. Mire en su interior y tome conciencia del acto que va a realizar.
   ♦ Tome un baño o una ducha antes de todo ritual. Esto es primordial.
   ♦ Póngase, preferentemente, una vestimenta cómoda (por ejemplo, una túnica) que, si es posible, sólo utilizará para los rituales.

10. El libro tibetano de los muertos afirma que los seres humanos pueden ponerse en contacto con las entidades superiores por el simple hecho de dirigirles invocaciones. Esta indicación, de hecho, aparece en todos los textos sagrados de la humanidad.

La palabra «plegaria» significa canto de amor que el alma dirige al Eterno. Los ángeles[4] la escuchan y, a su vez, se encargan de la ejecución de la voluntad del Creador. La plegaria es un acto sobrenatural destinado a sobrepasar los límites de la condición humana, para influenciar positivamente y acercarse a los mundos divinos. La plegaria aleja al hombre de sus preocupaciones inmediatas y personales; le da la posibilidad de contactar con los seres de la luz, de la sabiduría y de la bondad, que son los únicos que pueden concederle dones divinos.

La palabra «invocación» significa «llamar a», es decir, llamar a las fuerzas superiores para obtener sus favores. Es una tensión hacia una total elevación. Tiene como objetivo poner en armonía su intensidad vibratoria con la energía que preside el día para trabajar al unísono con ella.

NO SE PREOCUPE SI NO UTILIZA LAS PALABRAS EXACTAS EN SUS PLEGARIAS. Lo importante es que se encuentre a gusto mientras las pronuncie.

Las palabras invocatorias de los rituales en realidad son una simple indicación que puede cambiarse por las palabras de sus creencias personales. Tiene que ser fiel a usted mismo y a sus convicciones, independientemente de que sus invocaciones se dirijan a Dios, a Alá, al Espíritu Santo o a otro dios.

11. Todas las librerías esotéricas de calidad deberían poder proporcionarle los productos que necesita para sus rituales.

Las personas que viven lejos de los grandes centros comerciales, pueden comprarlos por correspondencia en el Centro esotérico de Van Chatou.

Desde el tapiz del ritual, que le aconsejo que se lo haga usted mismo, hasta los aceites y las velas, usted en-

---

4. Lea la lección 1, página 10, del curso «Les Anges de lumière» [«Los Ángeles de luz»].

contrará fácilmente todo lo necesario para sus rituales.

Es muy recomendable que usted mismo fabrique todo lo que pueda, ya que esto aumentará las vibraciones y acentuará su éxito.

12. Para satisfacer a las personas que tienen interés en utilizar la magia de las velas para obtener una curación, he aquí los elementos necesarios:

♦ velas rojas, para ponerse en forma o en el caso de sufrir una fatiga constante.
♦ velas amarillas, para acelerar una curación.
♦ velas color malva, para recuperar la calma y la serenidad.

Haga el ritual un martes, para las rojas y las amarillas, y un lunes, para las malvas. En el momento del ritual, emplee seis velas del mismo color y añada una blanca. Dispóngalas sobre el altar en forma de estrella.

13. Para que esté, durante sus rituales, en armonía completa con las llamas y las velas, le aconsejo que se aísle y que esté en un cuarto en semipenumbra. La oscuridad le ayudará a concentrarse.

14. Procure que nadie le moleste en el curso de sus rituales. Es aconsejable que desconecte el teléfono y que no abra la puerta a nadie.

Cuando esté sentado, no cruce nunca las piernas.

Y un último consejo: la discreción total sobre lo que está haciendo contribuirá a que usted obtenga los resultados que desea.

15. NO COMETA ESTOS ERRORES:
Nunca simbolice a una persona en particular con una vela del color de su signo zodiacal. Contrariamente, utilice una vela coloreada que simbolice el papel de la persona representada como vela testigo.

Respete el número de velas requerido; no añada más.

La acción del ritual tiene que hacerse rigurosamente.
No olvide que un ritual sólo es válido para un único objetivo y para una única persona.

Ponga toda su atención en lo que hace y tenga fe.

Respete en todo momento la orientación del altar (guíese con una brújula), pues lo importante en la magia es que exista una coherencia entre los diferentes rituales.

Coloque a las personas en cuestión en un problema preciso, en función del simbolismo astrológico. Y no olvide recurrir a la astrología horaria.

NO HABLE NUNCA SOBRE LO QUE ESTÁ HACIENDO.

16. La fuerza de su deseo tiene mucha importancia. Mire la llama de la vela, mientras se concentra en el objetivo que desea obtener y visualiza las imágenes en relación con este objetivo.

Muchas personas afirman que no ven nada en absoluto cuando intentan visualizar estas imágenes. Si este es su caso, ¡no se preocupe!

Es verdad que mientras algunos son capaces de visualizar imágenes claras y precisas, otros o bien solamente experimentan la idea de pensar en algo, o bien toman conciencia de un sentimiento presente.

En ambos casos, esta fuerza mental es correcta. La diferencia está en que algunas personas son receptoras, mientras que otras son emisoras. En realidad se trata mucho más de la imaginación creadora que de la fuerza mental para visualizar, en este caso.

Rituales para cada día de la semana

Cada uno de los días de la semana está bajo la protección de un ángel o de un astro bien preciso. Por tanto, si se pone bajo la protección del ángel planetario del día, la suerte le acompañará un poco más.

Lo más importante es escoger el día adecuado para atraer al máximo sus influencias benéficas.

En el curso «Les Anges de lumière» («Los ángeles de luz»), del Centro esotérico Van Chatou, aparece una lista con los 72 ángeles y sus respectivas atribuciones, con las horas y los días para solicitarlas, y con las plegarias correspondientes a cada día.

Conviene que haga sus rituales según le indicamos seguidamente. En todo caso, cuando la luna sea creciente, es decir, durante los 14 días de cada mes comprendidos entre la luna nueva y la luna llena.

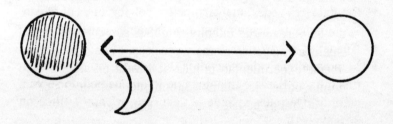

Cada día de la semana por la mañana, haga un pequeño ritual con el ángel planetario correspondiente, para sentirse en armonía durante todo el día. Durante este periodo, conviene practicar el ritual de la suerte.

Lunes

Material: 1 vela plateada (para la luna)
un poco de incienso de la concentración
carbones

♦ La luna debe ser CRECIENTE, es decir, entre la luna nueva y la luna llena.

♦ Ponerse de cara al este.
♦ Encender la vela y el carbón.
♦ Añadir dos pizcas de incienso.
♦ Concentrarse en el deseo.
♦ Decir: *«Espíritu Gabriel, ángel LUNAR, protégeme (diga su nombre) y favoréceme en el día de hoy».*
♦ Repítalo tres veces sin interrupción, con fervor y confianza. Seguidamente, manténgase unos instantes en silencio.
♦ Añada: *«Que así sea».*
♦ Mantenga una vela encendida durante 15 minutos, mientras mira su llama e imagina que lo que ha pedido se va a cumplir. Después, apague la vela (*¡sin soplar!* Utilice un apagavelas).
♦ Tire la vela, pues no debe utilizarla más.

Este día favorece la armonía familiar, la dulzura y la poesía. Es el día ideal para invitar a su familia a cenar o para obtener un buen entendimiento con todo el mundo. Si tiene problemas familiares, escoja el lunes para solucionarlos.

106

 # Martes

Material: 1 vela roja (para Marte)
un poco de incienso de poderes africanos
carbones

♦ La luna debe ser CRECIENTE, es decir, entre la luna nueva y la luna llena.

♦ Ponerse de cara al este.
♦ Encender la vela y el carbón.
♦ Añadir dos pizcas de incienso.
♦ Concentrarse en el deseo.
♦ Decir: *«Espíritu de Samuel, ángel de MARTE, protégeme (diga su nombre) y favoréceme en el día de hoy».*
♦ Repítalo tres veces sin interrupción, con fervor y confianza. Seguidamente, manténgase unos instantes en silencio.
♦ Añada: *«Que así sea».*
♦ Mantenga una vela encendida durante 15 minutos, mientras mira su llama e imagina que lo que ha pedido se va a cumplir. Después, apague la vela (*¡sin soplar!* Utilice un apagavelas).
♦ Tire la vela, pues no debe utilizarla más.

Este día le dará una energía excepcional y una vitalidad impresionante. Es el momento para emprender cuestiones difíciles. Gracias a su calma y a su lucidez, superará todos los obstáculos. Aproveche al máximo esta nueva energía.

Miércoles

Material: 1 vela amarilla (para Mercurio)
un poco de incienso de poderes psíquicos
carbones

♦ La luna debe ser CRECIENTE, es decir, entre la luna nueva
y la luna llena.

♦ Ponerse de cara al este.
♦ Encender la vela y el carbón.
♦ Añadir dos pizcas de incienso.
♦ Concentrarse en el deseo.
♦ Decir: *«Espíritu de Rafael, ángel de MERCURIO, proté-
geme (diga su nombre) y favoréceme en el día de hoy».*
♦ Repítalo tres veces sin interrupción, con fervor y confianza.
Seguidamente, manténgase unos instantes en silencio.
♦ Añada: *«Que así sea».*
♦ Mantenga una vela encendida durante 15 minutos, mien-
tras mira su llama e imagina que lo que ha pedido se va a
cumplir. Después, apague la vela (*¡sin soplar!* Utilice un
apagavelas).
♦ Tire la vela, pues no debe utilizarla más.

Este día usted tendrá una inteligencia más aguda y afilada;
es favorable para presentarse a unas oposiciones o a un exa-
men. Escoja el miércoles para todas las citas importantes, pues
logrará las victorias más difíciles, ya que la suerte estará con
usted.

Jueves

Material: 1 vela verde (para Júpiter)
un poco de incienso de la riqueza
carbones

♦ La luna debe ser CRECIENTE, es decir, entre la luna nueva y la luna llena.

♦ Ponerse de cara al este.
♦ Encender la vela y el carbón.
♦ Añadir dos pizcas de incienso.
♦ Concentrarse en el deseo.
♦ Decir: *«Espíritu de Sachiel, ángel de JÚPITER, protégeme (diga su nombre) y favoréceme en el día de hoy».*
♦ Repítalo tres veces sin interrupción, con fervor y confianza. Seguidamente, manténgase unos instantes en silencio.
♦ Añada: *«Que así sea».*
♦ Mantenga una vela encendida durante 15 minutos, mientras mira su llama e imagina que lo que ha pedido se va a cumplir. Después, apague la vela (*¡sin soplar!* Utilice un apagavelas).
♦ Tire la vela, pues no debe utilizarla más.

Este día es favorable para atraer el dinero. Puede pedir un aumento salarial o recuperar el dinero que le deben. También puede pedir un préstamo al banco. Todos los acontecimientos le serán favorables y la suerte le acompañará en todo lugar.

Viernes

Material: 1 vela rosa (para Venus)
un poco de incienso de la atracción
carbones

◆ La luna debe ser CRECIENTE, es decir, entre la luna nueva y la luna llena.

◆ Ponerse de cara al este.
◆ Encender la vela y el carbón.
◆ Añadir dos pizcas de incienso.
◆ Concentrarse en el deseo.
◆ Decir: *«Espíritu de Anael, ángel de VENUS, protégeme (diga su nombre) y favoréceme en el día de hoy».*
◆ Repítalo tres veces sin interrupción, con fervor y confianza. Seguidamente, manténgase unos instantes en silencio.
◆ Añada: *«Que así sea».*
◆ Mantenga una vela encendida durante 15 minutos, mientras mira su llama e imagina que lo que ha pedido se va a cumplir. Después, apague la vela (*¡sin soplar!* Utilice un apagavelas).
◆ Tire la vela, pues no debe utilizarla más.

Este día favorece las alegrías en el amor: se acercará al ser amado o lo atraerá. Brillarán todos sus encantos y aumentará su poder de seducción.

Sábado

Material: 1 vela color lavanda (para Saturno)
un poco de incienso de la meditación
carbones

♦ La luna debe ser CRECIENTE, es decir, entre la luna nueva y la luna llena.

♦ Ponerse de cara al este.
♦ Encender la vela y el carbón.
♦ Añadir dos pizcas de incienso.
♦ Concentrarse en el deseo.
♦ Decir: *«Espíritu de Casiel, ángel de SATURNO, protégeme (diga su nombre) y favoréceme en el día de hoy».*
♦ Repítalo tres veces sin interrupción, con fervor y confianza. Seguidamente, manténgase unos instantes en silencio.
♦ Añada: *«Que así sea».*
♦ Mantenga una vela encendida durante 15 minutos, mientras mira su llama e imagina que lo que ha pedido se va a cumplir. Después, apague la vela (*¡sin soplar!*, sino utilizando un apagavelas).
♦ Tire la vela, pues no debe utilizarla para otra cosa.

Este día es favorable para tomar decisiones. La meditación le ayudará a aspirar a una cierta sabiduría. De este modo, usted se comprenderá mejor a sí mismo y a los demás. Reviva su pasado, analice su presente: esto le hará ver su futuro.

Domingo

Material: 1 vela dorada (para el Sol)
un poco de incienso de la suerte
carbones

♦ La luna debe ser CRECIENTE, es decir, entre la luna nueva y la luna llena.

♦ Ponerse de cara al este.
♦ Encender la vela y el carbón.
♦ Añadir dos pizcas de incienso.
♦ Concentrarse en el deseo.
♦ Decir: *«Espíritu de Miguel, ángel SOLAR, protégeme (diga su nombre) y favoréceme en el día de hoy».*
♦ Repítalo tres veces sin interrupción, con fervor y confianza. Seguidamente, manténgase unos instantes en silencio.
♦ Añada: *«Que así sea».*
♦ Mantenga una vela encendida durante 15 minutos, mientras mira su llama e imagina que lo que ha pedido se va a cumplir. Después, apague la vela (*¡sin soplar!* Utilice un apagavelas).
♦ Tire la vela, pues no debe utilizarla más.

Este día favorece todos sus proyectos, la belleza, la bondad, el magnetismo, el calor universal, las grandes victorias, el amor en todas sus formas, el descanso bien merecido y la alegría de vivir. En resumen, todo lo que usted quiera.

Días favorables y desfavorables

La siguiente lista de los días benéficos o maléficos de una luna a otra se ha obtenido del *El Gran Alberto* (Grand Albert).

Alberto el Grande: Obispo de Ratisbona, amigo de Santo Tomás de Aquino. Fue canonizado por Pío IX, en 1931.

EL PRIMER DÍA CORRESPONDE AL DÍA EXACTO DE LA LUNA NUEVA

♦ Adán fue creado el primer día de la luna.
Este día no es favorable para las personas que enfermen, pues su enfermedad se prolongará por mucho tiempo. De todos modos, conseguirán librarse de ella y no tendrán peligro de muerte. Si sueña durante la noche, vendrá a usted la alegría. El niño que nazca este día vivirá por mucho tiempo.

♦ Eva fue creada el segundo día.
Día favorable para engendrar, para aquellos que desean tener hijos. Puede viajar por mar y por tierra sin ningún peligro. En todo lugar, será bien recibido. Es un buen día para pedir y obtener favores, o cualquier otra cosa de las instancias superiores: patrón, gobierno u otros. Es un día ideal para edificar, hacer jardines, huertos, para labrar la tierra y sembrar. Los ladrones que roben durante este día serán rápidamente capturados y encarcelados. Si se cae enfermo, la enfermedad durará muy poco. No hay que creer en lo que se sueña durante esta noche, pues no tendrá ningún efecto en la vida real. El niño que nazca este día crecerá muy rápidamente.

♦ Eva parió a Caín el tercer día.
Es mejor no emprender nada durante este día, ni siquiera sembrar o plantar. Quien enferme, aunque su enfermedad sea peligrosa, se curará si lleva un buen ritmo de vida. Lo que sueñe durante esta noche será inútil, no tendrá ningún efecto. El niño que nazca este día no vivirá mucho tiempo. Es un día muy desfavorable.

♦ Abel, el segundo hijo de Adán y Eva, nació el cuarto día.
Este día es muy favorable para realizar un proyecto y para construir. Es bueno para encontrar un animal u otra cosa que se haya perdido. Las enfermedades que surgen este día son muy peligrosas. Lo que se sueñe, si es bueno, tendrá efectos positivos; y si es malo, tendrá efectos negativos. El niño que nazca el segundo día será un traidor.

♦ Lamec vino al mundo el quinto día.
Si desgraciadamente alguien hace una mala jugada o una mala acción, por mucho que intente huir, no podrá escapar del castigo que merece su delito. Este día no encontrará lo que haya perdido. Si una persona enferma, difícilmente mejorará. Lo que se sueñe por la noche tendrá un efecto dudoso. El niño que nazca este día no vivirá mucho.

♦ Hebrón nació el sexto día.
Este día es favorable por numerosas razones. Los estudiantes aumentarán sus conocimientos en las ciencias. Los hurtos de descubrirán fácilmente y las enfermedades durarán muy poco. No deberá revelar lo que sueñe durante esta noche, manténgalo en secreto. Los niños que vengan al mundo este día gozarán de una larga vida.

♦ Caín mató a Abel el séptimo día.
Este día es favorable para donar sangre. Los asesinos y la-

drones no podrán escapar del castigo por los delitos que hayan cometido durante este día. Las enfermedades durarán poco y se curarán fácilmente. Lo que sueñe durante esta noche se cumplirá. Los niños que nazcan este día vivirán por mucho tiempo.

♦ Matusalén vino al mundo el octavo día.
Día favorable para los viajantes y desfavorable para los que enfermen. Los sueños se cumplirán. Los niños que nazcan este día tendrán una fisionomía horrorosa.

♦ Nabucodonosor nació el noveno día.
Este día no es favorable ni desfavorable. Los principios de enfermedades serán peligrosos y los sueños, poco tiempo después, mostrarán sus efectos. Los niños que nazcan este día vivirán por mucho tiempo.

♦ Noé vino al mundo el décimo día.
Día favorable para todo tipo de empresas. Todos los sueños serán en vano, sin efecto. Los sentimientos de tristeza durarán poco. Las enfermedades, si no se atienden inmediatamente, serán mortales. A los niños que nazcan este día, les gustará viajar.

♦ Samuel nació el undécimo día.
Día propicio para los cambios del país. Las mujeres que enfermen este día tendrán dificultades para curarse. Los niños que nazcan el onceavo día serán espirituales, ingeniosos y vivirán mucho tiempo.

♦ Canaán vino al mundo el duodécimo día.
Es mejor no tomar ninguna iniciativa este día, pues es del todo desfavorable. Los sueños se harán realidad, las enfermedades serán mortales y los niños serán débiles.

♦ Con el decimotercero día, pasa lo mismo.
Mejor no emprender nada este día. Las enfermedades serán
peligrosas. Los sueños se cumplirán poco después. Los
niños vivirán por mucho tiempo.

♦ Dios bendijo a Noé en recompensa por sus buenas acciones el decimocuarto día.
Día muy afortunado. Las enfermedades no tendrán conse-
cuencias peligrosas. Los sueños raramente se cumplirán.
Los niños que vengan al mundo serán perfectos y muy obe-
dientes.

♦ El decimoquinto día.
Este día no será ni bueno ni malo. Las enfermedades no
serán mortales. Podrá creer en sus sueños, pues se cumplirán en poco tiempo. Los niños se sentirán bien con las
mujeres.

♦ Job nació el decimosexto día.
Día muy favorable para los vendedores de caballos, de bue-
yes y de todo tipo de animales. Los sueños se cumplirán.
Los niños que nacerán el decimosexto día vivirán mucho
tiempo. Es propio para cambiar de aires y de país.

♦ Sodoma y Gomorra murieron el decimoséptimo día.
Mejor que no emprenda ningún proyecto, este día. Los mé-
dicos no serán fiables en la curación de los enfermos. Los
sueños se cumplirán tres días más tarde. Los niños que nazcan ese día conocerán la felicidad.

♦ Isaac, hijo de Abraham, vino al mundo el decimoctavo día.
En este día las enfermedades serán peligrosas y los sueños
verdaderos. Los niños serán trabajadores y en el futuro se
enriquecerán.

♦ Faraón vino al mundo el decimonoveno día.
Este día conviene mantenerse alejado de los borrachos. Es preferible mantenerse aislado y vivir en soledad. Las enfermedades no serán peligrosas. Los sueños tendrán sus efectos poco tiempo después. Los niños que nazcan este día no serán ni mentirosos ni bribones.

♦ Jonás nació el vigésimo día.
Día favorable para todo tipo de iniciativas. Las enfermedades serán duraderas. Los sueños, verosímiles. Los niños, malos, tramposos, ladrones y de mala vida.

♦ El rey Saúl nació el vigésimo primer día.
Día propio para divertirse y para ponerse las mejores galas. Es bueno para dedicarse a los quehaceres domésticos. Los ladrones, si realizan sus delitos este día, serán atrapados poco tiempo después. Las enfermedades serán peligrosas y a menudo mortales. Los sueños serán inútiles, sin efecto. A los niños que nazcan este día, les gustará trabajar.

♦ Jacob vino al mundo el vigésimo segundo día.
No conviene negociar ni emprender proyectos este día. Los enfermos estarán en peligro. Los sueños tendrán sus efectos. Los niños serán buenos, honestos y tendrán todo tipo de buenas cualidades.

♦ Benjamín nació el vigésimo tercer día.
Día bueno para granjearse reputación. Las enfermedades durarán mucho, pero sin ser mortales; y los sueños serán falsos. Los niños, feos y mal formados.

♦ Jafet nació el vigésimo cuarto día.
Este día no es ni favorable ni desfavorable. Las enfermedades durarán mucho tiempo, pero sin peligro; y los sueños

no tendrán ningún efecto. Los niños serán buenos, honestos y cariñosos.

◆ Dios castigó a Egipto de sus crímenes el vigésimo quinto día.
Este día los enfermos correrán el riesgo de morir. Los niños que nazcan este día no serán desafortunados ni se expondrán a peligros.

◆ Moisés dividió el mar, y Saúl y Jonatás murieron el vigésimo sexto día.
Este día es desafortunado y poco propicio para los negocios. Los enfermos morirán y los sueños se realizarán. Los niños serán bastante felices y afortunados.

◆ El vigésimo séptimo día.
Este día es propio para el trabajo y la toma de iniciativas. Las enfermedades serán cambiantes, los sueños raramente se cumplirán y los niños serán buenos y amables.

◆ El vigésimo octavo día.
Se podrán emprender todos los proyectos que se quiera. Los enfermos no deben entristecerse, pues su mal no será peligroso. Los niños serán descuidados y perezosos.

◆ Herodes vino al mundo el vigésimo noveno día.
Este día es desfavorable para los negocios y para tomar iniciativas. Los sueños tendrán sus efectos. Los enfermos se librarán de sus males. Los niños no vivirán mucho tiempo ni serán bienvenidos en los colegios.

◆ El trigésimo día.
Este día es bueno y propicio para hacer lo que quiera. De todos modos, los enfermos estarán en peligro de muerte si

no se les socorre de inmediato o no se les cuida con conciencia. Los sueños aportarán felicidad poco tiempo después. Los niños que vengan al mundo no serán ni finos ni astutos.

¡Siga los consejos! Le serán muy útiles.

Medite sobre estos días, inscriba sus sueños, compárelos y, sobre todo, elija el que le parezca mejor para la realización de su ritual, en relación con lo que quiera pedir.

11
La práctica de los rituales

En las siguientes páginas encontrará una serie de rituales muy simples, otros no tan sencillos y otros muy complicados. Existen algunos que son solamente para usted, otros que son para los demás, y otros que son para usted y los que se encuentran con usted.

Yo he experimentado personalmente todos estos rituales, que han sido creados por los más grandes ritualistas. La base en todos ellos es la misma; sólo cambian las palabras y la forma.

Lo importante es que no olvide las advertencias, que respete los días y las horas, y que se prepare bien, sin apresurarse. En resumen, que HAGA TODO LO QUE TIENE QUE HACER ANTES DE EMPEZAR CON EL RITUAL PROPIAMENTE DICHO.

Finalmente, conviene que mantenga la calma y la confidencia. **Sólo de este modo obtendrá el éxito.**

♦ Las velas de altar representan siempre el poder divino.
♦ Las velas astrales representan personajes:
  • Marte: el amante para una mujer.
  • Venus: la amante para un hombre.
♦ La asociación de una vela planetaria y de una vela zodiacal puede representar:
  • un planeta en el signo.
  • un planeta en la casa.
♦ Con las tres velas, tendrá un planeta en su signo zodiacal y en su casa.

- Un ritual de llamamiento debe comenzar siempre en luna creciente.
- Un ritual de expulsión debe comenzar en luna decreciente.

Simbólicamente, el altar tiene cuatro zonas:

- La que contiene las velas de altar y el quemador de perfume.
- La que representa simbólicamente el objetivo buscado; en ella están las velas astrales, una o más de una.
- La que contiene la vela que representa al demandante, en el centro, con las velas correspondientes al dominio escogido a cada uno de los lados.
- La que contiene la o las velas de ofrenda que representan la acción que se ejecutará.

Cabe destacar que estas cuatro zonas corresponden a los cuatro mundos de la Cábala: el mundo de la emanación (Olam Aziluth), el mundo de la creación (Olam Briah), el mundo de la formación (Olam Ietzirath) y el mundo de la acción (Olam Asiah).

♦ El mundo de la emanación (Ola Aziluth)
♦ El mundo de la creación (Ola Briah)
♦ El mundo de la formación (Ola Ietzirath)
♦ El mundo de la acción (Ola Asiah)

12
Rituales para el amor

Hará uno de estos rituales cuando pretenda modificar la orientación de su vida con un reencuentro, un noviazgo o un matrimonio. Ayudan a la obtención de favores, de popularidad y del matrimonio. Escoja el que prefiera.

- Aportan buen entendimiento familiar y armonía sensual en las parejas. Contribuyen a una feliz vida familiar.
- Facilitan el matrimonio de las hijas y las protege de los abortos.
- El dibujo representa el grafismo del amor. Permite atraer sin coacción, ser amado sin imponerse. Es la idea del amor sensual, de los deseos violentos, de las pasiones que se quieren satisfacer. Estos rituales aportan gozo y placeres físicos.

- Ayudan a crear un matrimonio rico y agradable. Protegen a las hijas del celibato.
- Dan la posibilidad de amar y de ser amado. Protegen del divorcio y de las pérdidas de popularidad.
- Proporcionan un destino clemente: que equilibra el espíritu, el corazón y los sentidos. Ayudan a visualizar las cosas buenas que se desean y facilitan que se hagan realidad.
- Ame y será amado. Simbolizan la atracción y el desarrollo del *sex appeal*.
- Ayudan a las personas solitarias a rehacer su vida sentimental para que no estén solas los últimos días de su existencia.

Cómo obtener el amor

MATERIAL

> *3 velas rosas (para atraer a una mujer) o azules (para atraer a un hombre)*
> *3 velas rojas (para Venus, el amor)*
> *1 vela blanca (para el ritualista)*
> *1 vela dorada (como ofrenda a la divinidad)*
> *incienso de atracción*
> *1 bolígrafo*
> *carbones*
> *1 brújula*

ALTAR

♦ Sobre una pequeña mesa, cubierta con un mantel blanco o con un tapiz de ritual, instalada hacia el este (verifíquelo con su brújula), disponga las velas tal y como lo muestra el dibujo.

1. velas rosas/rojas
3. vela blanca
4. vela dorada

♦ Aplique el consejo n° 9 (página 101) para su preparación.

Este ritual tiene que hacerse un VIERNES.

La hora[5] escogida será:

en primavera:	entre las 21 h 30 y las 22 h 30;
en verano:	entre las 23 h 20 y las 24 h 00;
en otoño:	entre las 21 h 30 y las 22 h 30;
en invierno:	entre las 19 h 40 y las 21 h 00.

No cambie estos horarios si no es según la corrección de latitudes que podrá encontrar o bien en los volúmenes especializados, o recurriendo al Centro esotérico Van Chatou.

La luna debe ser CRECIENTE (entre la luna nueva y la luna llena).

◆ Encienda un carbón y, cuando esté rojo, eche por encima dos pizcas de incienso de atracción. Puede añadir, aunque es facultativo, una pizca de polvos violetas o de primavera.

◆ Pase rápidamente cada vela por el humo y colóquela de nuevo en su sitio.

◆ Encienda las tres velas rojas según el orden del dibujo.

◆ Tome las tres velas rosas o azules que están sobre el altar y, con la punta del bolígrafo (o mejor con cobre), grave en sus bases su apellido o su nombre, o el nombre y apellido de la persona de quien quiere recibir su amor.

◆ Encienda la vela blanca.

◆ Encienda la vela dorada.

Diga cuál es su deseo.

Cuando la vela dorada esté encendida, diríjase a las entidades superiores diciendo:

«Tú, el Gran Dios universal. Tú, que lo sabes todo.
Hoy me dirijo a Ti con mi corazón sincero y puro.
Te pido que me ayudes a conseguir el más profundo de mis deseos. Ayúdame a obtener el amor

---

5. Vea la diferencia horaria según las latitudes en el anexo.

*de... (diga el nombre de la persona). Que en este
instante el tiempo no exista, el espacio no exista.
He aquí el alma del espíritu, el alma del hijo de
la tierra que soy yo. Que el amor de... a quien
quiero, se engrandezca hacia mí, como el fuego
de las velas se dirige hacia los cielos».*

♦ Permanezca en silencio durante un momento y visualice el
rostro de la persona que ama. Es necesario que se cree una
imagen mental. Esta imagen mantendrá su deseo y permitirá que tome cuerpo. Permanezca así, ante las velas iluminadas, durante una hora.
♦ Añada la mezcla de polvos y de incienso para que el humo
se densifique. Durante esta hora, tiene que elevarse continuamente.

Una hora más tarde:

♦ Agradezca a los seres de los planos sutiles su ayuda y diga:

*«Sé que Tú cumplirás mi deseo. Bendita sea tu
presencia. Yo te doy las gracias a ti, Dios del
Universo, por tu poder».*

♦ Medite unos instantes, siempre visualizando a la persona
amada, y después apague las velas en el orden inverso en
que las encendió.
♦ Seguidamente, deshágase de ellas, pues no deben utilizarse
más.
♦ El resultado dependerá de la fuerza de su deseo. Permanezca
muy concentrado durante todo el ritual; no se distraiga.
♦ Su fuerza mental es la clave del éxito. Su magnetismo personal se unirá al humo que se dirige hacia los seres de luz
y hacia las esferas superiores.

- Haga el signo de la cruz sobre el altar y sacuda las manos como si quisiera liberarse de alguna cosa, diciendo: «*Amén, Amén, Amén*». Seguidamente, lávese las manos y quítese la ropa que ha llevado puesta durante este ritual.
- ESTE RITUAL ES MUY PODEROSO. EN UN PLAZO DE UNOS 28 DÍAS SU DESEO TENDRÍA QUE HACERSE REALIDAD.

¡No olvide guardar el secreto de la magia de las velas hasta que su deseo se vea cumplido!

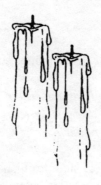

Cómo atraer el amor

MATERIAL

2 velas rosas (para atraer a una mujer) o azules (para atraer a un hombre)
2 velas rojas (para Venus, el amor)
1 vela blanca (para el ritualista)
1 vela blanca (para los alfileres)
1 vela dorada (como ofrenda a la divinidad)
polvo de violetas o de primavera (facultativo)
incienso del fuego de amor
algunos alfileres
carbones
un poco de incienso de atracción

ALTAR

♦ Sobre una pequeña mesa, cubierta con un mantel blanco o con un tapiz de ritual, instalada hacia el este (verifíquelo con su brújula), disponga las velas tal y como muestra el dibujo.

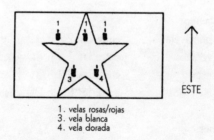

1. velas rosas/rojas
3. vela blanca
4. vela dorada

♦ Aplique el consejo nº 9 (página 101) para su preparación.

Este ritual tiene que hacerse durante varios días, pero empiece siempre a hacerlo en VIERNES.

La hora[6] escogida será:

en primavera:	entre las 21 h 30 y las 22 h 30;
en verano:	entre las 23 h 20 y las 24 h 00;
en otoño:	entre las 21 h 30 y las 22 h 30;
en invierno:	entre las 19 h 40 y las 21 h 00.

No cambie estos horarios si no es según la corrección de latitudes que podrá encontrar o bien en los volúmenes especializados, o bien recurriendo al Centro esotérico Van Chatou.

Como el ritual tiene que realizarse durante unos cuantos días, he aquí las horas precisas que tiene que escoger para los otros días.

Sábado:

en primavera:	entre las 18 h 30 y las 19 h 30;
en verano:	entre las 20 h 40 y las 22 h 00;
en otoño:	entre las 18 h 30 y las 19 h 30;
en invierno:	entre las 16 h 20 y las 17 h 00.

Domingo:

en primavera:	entre las 22 h 30 y las 23 h 30;
en verano:	entre las 16 h 40 y las 18 h 00;
en otoño:	entre las 22 h 30 y las 23 h 30;
en invierno:	entre las 21 h 00 y las 22 h 20.

Lunes:

en primavera:	entre las 19 h 30 y las 20 h 30;
en verano:	entre las 20 h 00 y las 22 h 40;
en otoño:	entre las 19 h 30 y las 20 h 30;
en invierno:	entre las 17 h 00 y las 18 h 20.

---

6. Vea la diferencia horaria según las latitudes en el anexo.

Martes:

en primavera:	entre las 16 h 30 y las 17 h 30;
en verano:	entre las 18 h 00 y las 19 h 20;
en otoño:	entre las 16 h 30 y las 17 h 30;
en invierno:	entre las 22 h 20 y las 23 h 40.

Miércoles:

en primavera:	entre las 20 h 30 y las 21 h 30;
en verano:	entre las 22 h 40 y las 23 h 20;
en otoño:	entre las 20 h 30 y las 21 h 30;
en invierno:	entre las 18 h 20 y las 19 h 40.

Jueves:

en primavera:	entre las 17 h 30 y las 18 h 30;
en verano:	entre las 19 h 20 y las 10 h 40;
en otoño:	entre las 17 h 30 y las 18 h 30;
en invierno:	entre las 15 h 40 y las 16 h 20.

La luna debe ser CRECIENTE (entre la luna nueva y la luna llena).

Empiece lo más cerca posible de la luna negra (es decir, unos tres días después), de manera que pueda terminar el ritual cuando la luna sea creciente.

♦ Encienda un carbón y eche por encima dos pizcas de la mezcla de los polvos, después añada una pizca de incienso de fuego de amor y polvo de atracción.
♦ Pase rápidamente cada vela por el humo y colóquela de nuevo en su sitio.
♦ Tome la vela blanca que está instalada sobre el altar y, con un alfiler, grave en sus bases su apellido o su nombre, o el nombre y apellido de la persona que le interesa
♦ Clave en esta vela tantos alfileres como letras tenga en ella escritas.

- Encienda las dos velas rojas.
- Encienda las dos velas rojas o azules.
- Encienda la vela blanca que no tiene inscripción.
- Encienda la vela dorada.
- Encienda la vela blanca que tiene los alfileres clavados.

Diga cuál es su deseo.
Cuando todas las velas estén encendidas, diríjase a las entidades superiores diciendo:

> *«Espíritu de Venus, yo te conjuro, consume el corazón de... (diga el nombre de la persona) como las llamas consumen estas velas que arden en tu honor».*

- Diga estas palabras tantas veces como haga falta hasta que caiga un alfiler. No se apresure. Diga la frase con convicción.
- Utilice estos instantes para «visualizar» el rostro de la persona que ama. Es necesario que se cree una imagen mental. Esta imagen mantendrá su deseo y permitirá que tome cuerpo. Permanezca así, ante las velas iluminadas, durante una hora.
- Agradezca a los seres de los planos sutiles su ayuda y diga:

> *«Sé que Tú cumplirás mi deseo. Bendita sea Tu presencia. Yo te doy las gracias a Ti, Dios del Universo, por tu poder».*

- Medite unos instantes, siempre visualizando a la persona amada; y después apague las velas en el siguiente orden:

 • la vela blanca en la que están clavados los alfileres
 • la vela dorada

- la otra vela blanca
- .las dos velas rosas, es decir, la cuarta y la tercera
- las dos velas rojas, es decir, la segunda y la primera

Durante algunos días.

♦ Haga el ritual de atracción cada noche, hasta que caiga el primer alfiler, y diga siempre las mismas palabras.
♦ Seguidamente, deshágase de las velas, pues no deben utilizarse más.
♦ El resultado dependerá de la fuerza de su deseo. Permanezca muy concentrado durante todo el ritual; no se distraiga.
♦ Su fuerza mental es la clave del éxito. Su magnetismo personal se unirá al humo que se dirige hacia los seres de luz y hacia las esferas superiores.
♦ Haga el signo de la cruz sobre el altar y sacuda las manos como si quisiera liberarse de alguna cosa, diciendo: *«Amén, Amén, Amén».* Seguidamente, lávese las manos y quítese la ropa que ha llevado puesta durante este ritual.
♦ ESTE RITUAL ES MUY PODEROSO. EL RESULTADO TENDRÍA QUE PERCIBIRSE ANTES DE QUE TODAS LAS AGUJAS SE HAYAN CAÍDO.

¡No olvide guardar el secreto de la magia de las velas hasta que su deseo se vea cumplido!

133

Cómo hacer revivir el amor

MATERIAL

> *2 velas rosas (para atraer a una mujer) o azules (para atraer a un hombre)*
> *2 velas rojas (para Venus, el amor)*
> *1 vela dorada (como ofrenda a la divinidad)*
> *polvo de margarita o de cualquier otra flor*
> *incienso de poderes psíquicos*
> *1 trozo de seda negra de 20 cm por 20 cm*
> *carbones*
> *un poco de aceite esencial*
> *sal epsomita*

ALTAR

◆ Sobre una pequeña mesa, cubierta con un mantel blanco o con un tapiz de ritual, instalada hacia el este (verifíquelo con su brújula), disponga las velas tal y como lo muestra el dibujo.

1. velas rosas/rojas
4. vela dorada

◆ Aplique el consejo nº 9 (página 101)] para su preparación.

Este ritual tiene que hacerse durante unos cuantos días, pero empiece siempre en VIERNES.

La hora[7] escogida será:

en primavera:	entre las 21 h 30 y las 22 h 30;
en verano:	entre las 23 h 20 y las 24 h 00;
en otoño:	entre las 21 h 30 y las 22 h 30;
en invierno:	entre las 19 h 40 y las 21 h 00.

No cambie estos horarios si no es según la corrección de latitudes que podrá encontrar o bien en los volúmenes especializados, o bien recurriendo al Centro esotérico Van Chatou.

En un plato pequeño mezcle el polvo de margarita o de cualquier otra flor con una pizca de epsomita.

Vierta por encima el aceite esencial.

♦ Encienda un carbón y eche por encima dos o tres pizcas de la mezcla de los polvos, así como dos pizcas de incienso de poderes psíquicos y una pizca de sal.

♦ Pase rápidamente cada vela por el humo y colóquela de nuevo en su sitio.

♦ Encienda las dos velas rojas según el orden del dibujo.

♦ Tome las dos velas rosas o azules que están sobre el altar.

♦ Encienda la vela dorada.

¡ATENCIÓN!

Para este ritual, tiene que utilizar una mecha de pelo. Actúe el domingo por la noche. Espere que su pareja se acueste y se duerma. Acérquese entonces silenciosamente y córtele una pequeña mecha de pelo. Inmediatamente, colóquelo bien envuelto dentro de la seda negra y no lo toque hasta el día siguiente.

Al día siguiente.

Arrégleselas para estar solo. No importa a qué momento del día, estírese sobre la cama y acaricie todas las partes de su

---

7. Vea la diferencia horaria según las latitudes en el anexo.

cuerpo con la mecha de pelo. Concéntrese bien en lo que hace. Imagine que es su pareja la que le acaricia con su propio cabello. Créese imágenes eróticas. Haga que esta mecha de pelo se impregne de su deseo hacia esta persona.

Duración.
Haga lo mismo durante cinco días, es decir, hasta el viernes; y vuelva a colocar el mechón en la seda negra.

El viernes.
Cuando la vela dorada esté encendida, coja el mechón de pelo con las manos, obsérvelo durante unos instantes e insúflele la fuerza de su amor. Después de unos instantes, acérquela a la vela dorada y diríjase a las entidades superiores diciendo:

> *«Tú, el Gran Dios universal. Tú, que lo sabes todo.*
> *Hoy me dirijo a Ti con mi corazón sincero y puro.*
> *Te pido que me ayudes a conseguir el más profundo de mis deseos. Ayúdame a reconquistar el amor de... (diga el nombre de la persona). Que en este instante el tiempo no exista, el espacio no exista. He aquí el alma del espíritu, el alma del hijo de la tierra que soy yo. Que el amor de... a quien quiero, se engrandezca hacia mí, como el fuego de las velas se dirige hacia los cielos».*

Al mismo tiempo que diga estas palabras, queme el mechón en la llama de la vela dorada.

Apague las velas en el orden inverso en el que se encendieron.

♦ El resultado dependerá de la fuerza de su deseo. Permanezca muy concentrado durante todo el ritual; no se distraiga.
♦ Su fuerza mental es la clave del éxito. Su magnetismo per-

sonal se unirá al humo que se dirige hacia los seres de luz y hacia las esferas superiores.

♦ Haga el signo de la cruz sobre el altar y sacuda las manos como si quisiera liberarse de alguna cosa, diciendo: «*Amén, Amén, Amén*». Seguidamente, lávese las manos y quítese la ropa que ha llevado puesta durante este ritual.

♦ ESTE RITUAL ES MUY PODEROSO. EN UN PLAZO DE UNOS 28 DÍAS DEBERÍA DAR SU RESULTADO (siempre y cuando no perjudique a nadie).

¡No olvide guardar el secreto de la magia de las velas hasta que su deseo se vea cumplido!

Cómo proteger el amor

MATERIAL

3 velas rosas (para atraer a una mujer) o azules (para atraer a un hombre)
3 velas rojas (para Venus, el amor)
1 vela blanca (para el ritualista)
1 vela dorada (como ofrenda a la divinidad)
polvo de violetas o de primavera (facultativo)
polvo del zodiaco
incienso de atracción
1 espejo
carbones
sal
1 brújula

ALTAR

♦ Sobre una pequeña mesa, cubierta con un mantel blanco o con un tapiz de ritual, instalada hacia el este (verifíquelo con su brújula), disponga las velas tal y como lo muestra el dibujo.

1. velas rosas/rojas
3. vela blanca
4. vela dorada

ESTE

♦ Aplique el consejo nº 9 (página 101) para su preparación.

♦ Pase rápidamente el espejo bajo el grifo de agua abierto. Séquelo cuidadosamente y recúbralo con un trozo de tela negro.

♦ En un plato pequeño, mezcle el polvo de zodiaco con una pizca de sal.

♦ Coloque el espejo frente a su cama o en el lateral de la misma, de tal modo que en él puedan reflejarse los gestos que hará sobre su cama. Es necesario que pueda verse en él una vez estirado. La mesa que utilizará como altar tendrá que colocarse a la derecha del espejo, pero dirigida hacia el este (verifíquelo con la brújula).

Este ritual tiene que hacerse durante varios días, pero empiece siempre en VIERNES.

La hora[8] escogida será:

en primavera:	entre las 21 h 30 y las 22 h 30;
en verano:	entre las 23 h 20 y las 24 h 00;
en otoño:	entre las 21 h 30 y las 22 h 30;
en invierno:	entre las 19 h 40 y las 21 h 00.

No cambie estos horarios si no es según la corrección de latitudes que podrá encontrar o bien en los volúmenes especializados, o bien recurriendo al Centro esotérico Van Chatou.

Como el ritual tiene que realizarse durante unos cuantos días, he aquí las horas precisas que tiene que escoger para los otros días.

Sábado:

en primavera:	entre las 18 h 30 y las 19 h 30;
en verano:	entre las 20 h 40 y las 22 h 00;
en otoño:	entre las 18 h 30 y las 19 h 30;
en invierno:	entre las 16 h 20 y las 17 h 00.

---

8. Vea la diferencia horaria según las latitudes en el anexo.

Domingo:

en primavera:	entre las 22 h 30 y las 23 h 30;
en verano:	entre las 16 h 40 y las 18 h 00;
en otoño:	entre las 22 h 30 y las 23 h 30;
en invierno:	entre las 21 h 00 y las 22 h 20.

Lunes:

en primavera:	entre las 19 h 30 y las 20 h 30;
en verano:	entre las 20 h 00 y las 22 h 40;
en otoño:	entre las 19 h 30 y las 20 h 30;
en invierno:	entre las 17 h 00 y las 18 h 20.

Martes:

en primavera:	entre las 16 h 30 y las 17 h 30;
en verano:	entre las 18 h 00 y las 19 h 20;
en otoño:	entre las 16 h 30 y las 17 h 30;
en invierno:	entre las 22 h 20 y las 23 h 40.

Miércoles:

en primavera:	entre las 20 h 30 y las 21 h 30;
en verano:	entre las 22 h 40 y las 23 h 20;
en otoño:	entre las 20 h 30 y las 21 h 30;
en invierno:	entre las 18 h 20 y las 19 h 40.

Jueves:

en primavera:	entre las 17 h 30 y las 18 h 30;
en verano:	entre las 19 h 20 y las 10 h 40;
en otoño:	entre las 17 h 30 y las 18 h 30;
en invierno:	entre las 15 h 40 y las 16 h 20.

La luna debe ser CRECIENTE (entre la nueva y la llena).
Empiece lo más cerca posible de la luna negra (es decir, unos tres días después), de manera que pueda terminar el ritual cuando la luna sea creciente.

- Encienda un carbón y eche por encima dos o tres pizcas de la mezcla de los polvos, así como dos pizcas de incienso de atracción.
- Pase rápidamente cada vela por el humo y colóquela de nuevo en su sitio.
- Pase el espejo por el humo y vuélvalo a poner en el lugar que había escogido.
- Encienda la vela blanca.
- Encienda la vela dorada.
- Quítese la ropa y estírese en su cama. Ante el espejo, líbrese al narcisismo más absoluto. Ámese sin la más mínima discreción, como si su pareja le estuviera amando. Cuanto más se acaricie, más se impregnará su espejo de su amor.

Después de aproximadamente 10 o 15 minutos, diga las siguientes palabras:

*«Que mi amor venga (o venga de nuevo) a mí
(diga su nombre), por la magia de este espejo,
que así me conoce».*

- Apague las velas en el orden inverso en el que se han encendido.
- Tome su espejo y rodéelo del trozo negro de ropa. Colóquelo en un armario. No lo toque hasta el ritual siguiente.
- Tiene que hacer este ritual cada noche mientras dure la luna creciente. Este periodo corresponde a 14 días del mes. Es durante estos 14 días que debe practicarlo.

Haga cada uno de los catorce días este ritual. Purifíquese diariamente, queme el incienso y los polvos rituales. Utilice las mismas velas durante todo este periodo de tiempo. Si es posible, no las mueva de su sitio: póngalas cada noche exactamente en el mismo sitio. Cubra su espejo después de cada ritual.

Nadie más que usted debe mirarse en él

Al final del periodo del ritual, regale el espejo a la persona amada. Una vez que ésta lo haya aceptado, su victoria estará infaliblemente asegurada.

No practique este ritual si no está completamente seguro de que está verdaderamente con la persona adecuada.

◆ El resultado dependerá de la fuerza de su deseo. Permanezca muy concentrado durante todo el ritual; no se distraiga.
◆ Su fuerza mental es la clave del éxito. Su magnetismo personal se unirá al humo que se dirige hacia los seres de luz y hacia las esferas superiores.
◆ Haga el signo de la cruz sobre el altar y sacuda las manos como si quisiera liberarse de alguna cosa, diciendo: «*Amén, Amén, Amén*». Seguidamente, lávese las manos y quítese la ropa que ha llevado puesta durante este ritual.
◆ ESTE RITUAL ES MUY PODEROSO. EL RESULTADO TENDRÍA QUE PERCIBIRSE EN UN PERIODO DE 28 DÍAS (siempre y cuando no se perjudique a nadie).

¡No olvide guardar el secreto de la magia de las velas hasta que su deseo se vea cumplido!

Cómo mantener el amor

MATERIAL

> 6 velas rojas (para Venus y el amor)
> 1 vela blanca (para el ritualista)
> 1 vela dorada (como ofrenda a la divinidad)
> polvo de atracción
> polvo de margarita
> polvo de ruda
> incienso de fuego de amor
> sal
> carbones
> 1 bonita planta verde
> 1 foto de la persona amada y una de usted

ALTAR

♦ Sobre una pequeña mesa, cubierta con un mantel blanco o con un tapiz de ritual, instalada hacia el este (verifíquelo con su brújula), disponga las velas tal y como lo muestra el dibujo.

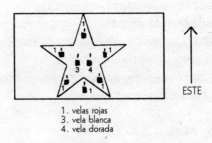

ESTE

1. velas rojas
3. vela blanca
4. vela dorada

♦ Aplique el consejo nº 9 (página 101) para su preparación.

143

♦ En un plato pequeño, mezcle tres pizcas de polvo de margarita, cinco pizcas de polvo de ruda, cinco pizcas de incienso de atracción y de fuego de amor, y una pizca de sal.

La hora[9] escogida será:

en primavera:	entre las 21 h 30 y las 22 h 30;
en verano:	entre las 23 h 20 y las 24 h 00;
en otoño:	entre las 21 h 30 y las 22 h 30;
en invierno:	entre las 19 h 40 y las 21 h 00.

No cambie estos horarios si no es según la corrección de latitudes que podrá encontrar o bien en los volúmenes especializados, o bien recurriendo al Centro esotérico Van Chatou.
La luna debe ser CRECIENTE (entre la luna nueva y la luna llena).

♦ Encienda un carbón y eche por encima dos o tres pizcas de la mezcla de los polvos.
♦ Pase rápidamente cada vela por el humo y colóquela de nuevo en su sitio.
♦ Encienda las seis velas rojas según el orden del dibujo.
♦ Encienda la vela blanca.
♦ Encienda la vela dorada.
♦ Tome las dos fotos y colóquelas de manera que se besen y páselas por el humo de las velas.
♦ Visualice el beso que se dan las fotos, imagínese que realmente besa a la persona amada.

Diga cuál es su deseo.
Cuando la vela dorada esté iluminada, diríjase a las entidades superiores diciendo:

«Por el poder del fuego de estas velas y del in-

---

9. Vea la diferencia horaria según las latitudes en el anexo.

*cienso que arden por ti, haz que el amor de... (diga
el nombre de la persona) venga a mí (diga su nombre). Tú, gran espíritu universal, sé que Tú estás
aquí y que escuchas mi petición».*

Diga estas palabras tres veces seguidas.

♦ Permanezca un momento en silencio y utilice estos instantes para visualizar la suerte que le espera. Imagínese es-
cenas encantadoras y eróticas con esta persona, pasando
las dos fotos por el humo. Es necesario que se cree una
imagen mental. Esta imagen mantendrá su deseo y permitirá que tome cuerpo. Permanezca así, ante las velas, durante quince minutos. Después tome su planta verde, haga
un agujero en la tierra y entierre profundamente las dos
fotos, colocándolas de manera que se estén besando.

Quince minutos más tarde.

♦ Agradezca a los seres de los planos sutiles su ayuda y diga:

*«Sé que Tú cumplirás mi deseo. Bendita sea tu
presencia. Yo te doy las gracias a ti, Dios del
Universo, por tu poder».*

♦ Medite unos instantes, siempre visualizando a la persona
amada; y después apague las velas en el orden inverso en
el que se encendieron.
♦ El día en que haga este ritual, ofrezca la planta verde, que
entonces ya estará cargada, a la persona amada. Aunque
viva con usted, será ella quien tendrá que cuidarla.
♦ Si puede, utilice preferentemente dos fotos del carné de
identidad para este ritual.
Otro consejo: cuando compre la planta, pida una que sea

robusta, pues si muriera antes de la finalización del ritual, tendría que empezarse desde el principio.

♦ El resultado dependerá de la fuerza de su deseo. Permanezca muy concentrado durante todo el ritual; no se distraiga.

♦ Su fuerza mental es la clave del éxito. Su magnetismo personal se unirá al humo que se dirige hacia los seres de luz y hacia las esferas superiores.

♦ Haga el signo de la cruz sobre el altar y sacuda las manos como si quisiera liberarse de alguna cosa, diciendo: *«Amén, Amén, Amén»*. Seguidamente, lávese las manos y quítese la ropa que ha llevado puesta durante este ritual.

♦ ESTE RITUAL ES MUY PODEROSO. EN UN PLAZO DE UNOS 28 DÍAS DEBERÍA DAR SU RESULTADO (siempre y cuando no perjudique a nadie).

¡No olvide guardar el secreto de la magia de las velas hasta que su deseo se vea cumplido!

13
Rituales para el dinero

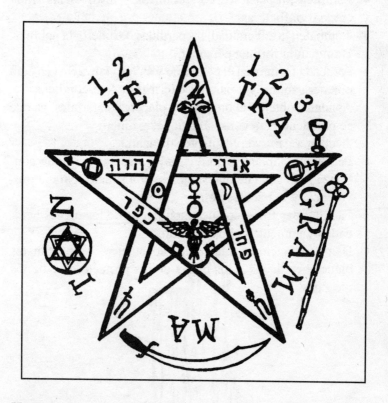

Haga uno de estos rituales cuando quiera modificar la orientación de su vida; por ejemplo, para atraer el dinero. Ayudan a que obtenga favores, popularidad o un ascenso. Escoja el que usted prefiera.

- Favorecen la armonía y el equilibrio en todos los dominios de la actividad humana y otorgan el éxito en nuestro camino. Materializan el deseo y las ideas se vuelven rentables. Activan las concepciones artísticas y las convierten en económicamente productivas.
- Ayudan al ascenso, conceden protecciones y favores extraordinarios. Dirigen hacia el éxito.
- Permiten proteger los compromisos y resolver las situaciones conflictivas.
- Combaten la adversidad, las pérdidas de dinero, la pobreza. Dominan la fortuna personal.
- Atraen la fortuna en el comercio y en los viajes. Sirven para obtener sabiduría y para descubrir tesoros escondidos.
- Ayudan a obtener el bienestar y placeres materiales, ya que se practican para conseguir riqueza, dinero.
- Ayudan a ganar en los juegos de azar.
- Permiten adaptarse a lo que hay y esperar con toda confianza la llegada de días mejores. Son rituales para la providencia y la buena suerte.
- Facilitan las transacciones mobiliarias de los bienes heredados y aumentan el patrimonio.
- Dan satisfacciones materiales constantes. Aumentan los bienes heredados y los dones de los protectores y de los mecenas.

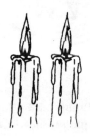

Cómo obtener riqueza

MATERIAL

> *3 velas verdes (para Júpiter y el dinero)*
> *1 vela blanca (para el ritualista)*
> *1 vela dorada (como ofrenda a la divinidad)*
> *incienso de la riqueza*
> *polvos de ruda*
> *aceite de tomillo*
> *sal epsomita*
> *1 billete, de 1.000, de 2.000, o de 5.000 pesetas*
> *1 sobre pequeño y blanco*
> *carbones*

ALTAR

♦ Sobre una pequeña mesa, cubierta con un mantel blanco o con un tapiz de ritual, instalada hacia el este (verifíquelo con su brújula), disponga las velas tal y como lo muestra el dibujo.

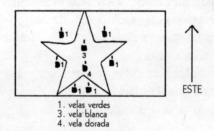

1. velas verdes
3. vela blanca
4. vela dorada

ESTE

♦ Aplique el consejo n° 9 (página 101) para su preparación.
♦ En un plato pequeño y plano, mezcle dos pizcas de polvo de ruda, una de sal y tres de incienso de la riqueza.

♦ En otro plato pequeño vierta el aceite de tomillo.
♦ Tome una vela y hágala rodar en el aceite, después en la mezcla de polvos y, después, vuelva a colocarla en su lugar.
♦ Haga lo mismo con cada una de las velas. Cuando termine, retire el plato que contiene el aceite.

Este ritual tiene que hacerse un DOMINGO.

La hora[10] escogida será:

en primavera:	entre las 22 h 30 y las 23 h 30;
en verano:	entre las 24 h 00 y las 24 h 40;
en otoño:	entre las 22 h 30 y las 23 h 30;
en invierno:	entre las 21 h 00 y las 21 h 40.

No cambie estos horarios si no es según la corrección de latitudes que podrá encontrar o bien en los volúmenes especializados, o bien recurriendo al Centro esotérico Van Chatou.
La luna debe ser CRECIENTE (entre la luna nueva y la luna llena).

♦ Encienda un carbón y, cuando esté rojo, eche por encima la mezcla de polvos.
♦ Pase rápidamente cada vela por el humo y colóquela de nuevo en su sitio.
♦ Encienda las seis velas verdes según el orden del dibujo.
♦ Encienda la vela blanca.
♦ Encienda la vela dorada.

Diga cuál es su deseo.
Cuando la vela dorada esté encendida, diríjase a las entidades superiores diciendo:

«Tú, el único, el más alto, escucha mi voz que te

---
10. Vea la diferencia horaria según las latitudes en el anexo.

suplica que me des felicidad y prosperidad. Ayúdame, príncipe Miguel, Tú que eres todo bondad, para que yo (diga su nombre) encuentre la abundancia y la prosperidad en este mundo. Sé que Tú estás presente. Estas velas arden para tu satisfacción y este incienso para honorarte. Bendita sea tu presencia».

♦ Permanezca en silencio durante un momento y visualice una gran cantidad de dinero que se dirige hacia usted. Es necesario que se cree una imagen mental. Esta imagen mantendrá su deseo y permitirá que tome cuerpo. Hoy, su deseo de poseer dinero es todavía un proyecto; por tanto, hace falta que encamine su corriente de energía para que este deseo se manifieste en nuestro mundo físico.

♦ Añada la mezcla de polvos y de incienso para que el humo se densifique.

♦ Acerque el billete escogido a la llama de la vela dorada y quémelo.

♦ Recoja las cenizas y métalas dentro del sobre.

Quince minutos más tarde:

♦ Agradezca a los seres de los planos sutiles su ayuda y diga:

«Sé que has escuchado mis palabras, lo sé íntimamente, porque Tú ERES TODO BONDAD. Sé que harás que se cumpla mi deseo. Mi corazón agradece tu bondad, Todopoderoso».

♦ Medite unos instantes, siempre visualizando el dinero que obtendrá; y después apague las velas en el orden inverso en que las encendió.

♦ Después, deshágase de ellas, pues no deben utilizarse más.

Cada noche.

♦ Durante un tiempo indeterminado en el que usted será el único juez, tome el sobre en sus manos y diga:

> *«De estas cenizas nacerá el dinero que a mí vendrá (diga su nombre). Que el dinero venga ahora a mí».*

Repita estas palabras tres veces seguidas.

♦ El resultado estará a la medida de su esperanza. ¿Cómo vendrá este dinero? Nadie puede decírselo, pero usted lo verá en sus manos. A veces llega rápidamente, a veces el procedimiento es más lento.
♦ El resultado dependerá de la fuerza de su deseo. Permanezca muy concentrado durante todo el ritual; no se distraiga.
♦ Su fuerza mental es la clave del éxito. Su magnetismo personal se unirá al humo que se dirige hacia los seres de luz y hacia las esferas superiores.
♦ Haga el signo de la cruz sobre el altar y sacuda las manos como si quisiera liberarse de alguna cosa, diciendo: *«Amén, Amén, Amén».* Seguidamente, lávese las manos y quítese la ropa que ha llevado puesta durante este ritual.
♦ ESTE RITUAL ES MUY PODEROSO. EN UN PLAZO DE UNOS 28 DÍAS SU DESEO TENDRÍA QUE HACERSE REALIDAD (siempre y cuando no perjudique a nadie). ES RECOMENDABLE PRACTICARLO CADA DOMINGO EN LUNA CRECIENTE.

¡No olvide guardar el secreto de la magia de las velas hasta que su deseo se vea cumplido!

Cómo atraer el dinero

MATERIAL

> *10 velas verdes (para Júpiter y el dinero)*
> *1 vela blanca (para el ritualista)*
> *1 vela dorada (como ofrenda a la divinidad)*
> *polvos de la suerte*
> *polvos de los juegos de azar*
> *aceite del zodiaco*
> *incienso de la riqueza*
> *sal epsomita*
> *carbones*

ALTAR

♦ Sobre una pequeña mesa, cubierta con un mantel blanco o con un tapiz de ritual, instalada hacia el este (verifíquelo con su brújula), disponga las velas tal y como lo muestra el dibujo.

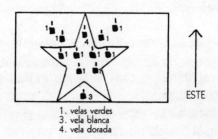

1. velas verdes
3. vela blanca
4. vela dorada

ESTE

♦ Aplique el consejo nº 9 (página 101) para su preparación.
♦ En un plato pequeño y plano, mezcle en partes iguales los polvos de la suerte y los polvos de los juegos de azar.
♦ En otro plato pequeño vierta el aceite del zodiaco.

153

♦ Tome una vela y hágala rodar en el aceite, después en la mezcla de polvos; luego vuelva a colocarla en su lugar.

♦ Haga lo mismo con cada una de las velas.

♦ Coloque sobre la mesa el incensario, el incienso de la riqueza, un poco de sal y los carbones.

Este ritual tiene que hacerse un JUEVES.

La hora[11] escogida será:

en primavera:	entre las 18 h 30 y las 19 h 30;
en verano:	entre las 20 h 40 y las 21 h 00;
en otoño:	entre las 18 h 30 y las 19 h 30;
en invierno:	entre las 16 h 20 y las 17 h 00.

No cambie estos horarios si no es según la corrección de latitudes que podrá encontrar o bien en los volúmenes especializados, o bien recurriendo al mencionado Centro esotérico Van Chatou.

La luna debe ser CRECIENTE (entre la luna nueva y la luna llena).

♦ Encienda un carbón y eche por encima la mezcla de polvos.

♦ Pase rápidamente cada vela por el humo y colóquela de nuevo en su sitio.

♦ Encienda las 10 velas verdes según el orden del dibujo.

♦ Encienda la vela blanca.

♦ Encienda la vela dorada.

Diga cuál es su deseo.
Cuando la vela dorada esté encendida, diríjase a las entidades superiores diciendo:

---

11. Vea la diferencia horaria según las latitudes en el anexo.

«Tú, el Gran Dios Universal, Tú que lo sabes todo, escucha mi voz que te suplica y te pide bienestar y felicidad en mi vida. Ayúdame, príncipe Sachiel, Tú que eres todo bondad, para que aquí abajo pueda conocer la abundancia, yo (diga su nombre), y pueda también darla a los necesitados. Señor [Tsadkiel], sé que Tú estás presente. Con mi alma te busco y te encuentro. ¡Bendito seas!»

♦ Permanezca en silencio durante un momento y visualice que una gran cantidad de dinero se dirige hacia usted. Es necesario que se cree una imagen mental. Esta imagen mantendrá su deseo y permitirá que tome cuerpo. Hoy, su deseo de poseer dinero es todavía un proyecto; por tanto, hace falta que encamine su corriente de energía para que este deseo se manifieste en nuestro mundo físico.

♦ Añada la mezcla de los polvos y del incienso para que el humo se densifique.

Ahora es necesario que deje que todas sus velas se consuman. Tardarán unas seis o siete horas. Durante todo este tiempo, tiene que quemar continuamente sus carbones, los polvos y el incienso. No es necesario que esté en todo momento presente, pero sí que mantenga encendido el fuego.

Seis horas más tarde.
Cuando las velas estén a punto de apagarse:

♦ Agradezca a los seres de los planos sutiles su ayuda y diga:

«Sé que has escuchado mis palabras. Bendita sea Tu presencia. Tu has satisfecho mi deseo porque eres todo bondad. Me abandono a ti, que me atenderás en todo momento».

- Medite unos instantes, siempre visualizando el dinero que obtendrá; después apague las velas en el orden inverso en que las encendió.
- Seguidamente, deshágase de ellas, pues no deben utilizarse más.
- Los resultados, sean los que sean, pueden ser un aumento de sueldo, una llegada inesperada de dinero, etc. No se puede saber. Pero el resultado tendrá lugar y debería manifestarse en un periodo aproximado de 28 días.
- Haga el signo de la cruz sobre el altar y sacuda las manos como si quisiera liberarse de alguna cosa, diciendo: «*Amén, Amén, Amén*». Seguidamente, lávese las manos y quítese la ropa que ha llevado puesta durante este ritual.
- El resultado dependerá de la fuerza de su deseo. Permanezca muy concentrado durante todo el ritual; no se distraiga.
- Su fuerza mental es la clave del éxito. Su magnetismo personal se unirá al humo que se dirige hacia los seres de luz y hacia las esferas superiores.
- ESTE RITUAL ES MUY PODEROSO. SI EL RESULTADO NO LE SATISFACE, EMPIECE DE NUEVO EL MES SIGUIENTE; SIEMPRE UN JUEVES, EN LUNA CRECIENTE Y A LA MISMA HORA. DE ESTE MODO, CONSOLIDARÁ LO QUE YA HA ADQUIRIDO.

¡Guarde EN TODO MOMENTO el secreto, pues es uno de los REQUISITOS necesarios para obtener el éxito en la magia!

Cómo obtener fortuna

MATERIAL

6 velas doradas (como ofrenda a la divinidad)
2 velas verdes (para Júpiter y el dinero)
4 velas naranjas (para el oro que usted desea y Urano)
1 vela blanca (para el ritualista)
incienso de la riqueza
polvos de la suerte
polvos del zodiaco
aceite de heliotropo o de eucalipto
sal
carbones
2 trozos de pergamino de 7,6 cm por 7,6 cm y de 11 cm por 11 cm
tinta de color dorado
1 brújula
1 metro de algodón amarillo
1 palillero
1 billete de banco
1 cuerdecilla
hilo amarillo
una aguja

ALTAR

♦ Sobre una pequeña mesa, cubierta con un mantel blanco o con un tapiz de ritual, instalada hacia el este (verifíquelo con su brújula), disponga las velas tal y como lo muestra el dibujo (en la página siguiente).

♦ Aplique el consejo nº 9 (página 101) para su preparación.

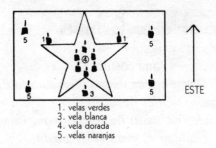

ESTE

1. velas verdes
3. vela blanca
4. vela dorada
5. velas naranjas

Con esta magia secreta, basada en los nudos, pedirá la suerte y la riqueza.

Este ritual no es muy complicado, pero tiene que ser muy preciso.

♦ Con la ayuda de su brújula, coloque la mesa de cara al este.
♦ En un plato bien plano, vierta el aceite de heliotropo o de eucalipto.
♦ Mezcle en otro plato pequeño y plano, en partes iguales, los polvos de la suerte, los polvos de la riqueza y una pizca de sal.
♦ Tome una vela y hágala rodar en el aceite, después en la mezcla de polvos y, después, vuelva a colocarla en su lugar.
♦ Haga lo mismo con cada una de las velas.
♦ Coloque sobre la mesa el incensario, el incienso de la riqueza, el incienso del zodiaco, un poco de sal y los carbones, la cuerdecilla, los dos pergaminos, el palillero, la tinta dorada, el hilo amarillo y una aguja.
♦ Encienda un carbón y eche por encima dos o tres pizcas de la mezcla de los polvos y del incienso de la riqueza.
♦ Pase rápidamente cada vela por el humo y colóquela de nuevo en su sitio.
♦ Encienda las seis velas doradas según el orden del dibujo.
♦ Encienda las cuatro velas naranjas.
♦ Encienda las dos velas verdes.

♦ Encienda la vela blanca.
♦ Déjelas encendidas durante unos instantes, después tome el trozo de pergamino más grande y haga con él una bolsa pequeña, con una costura a cada lado.
♦ Haga dentro un agujero para que por él pase la cuerdecilla.
♦ Tome el otro trozo de pergamino y dibuje debajo, con la tinta dorada, este cuadrado mágico:

1	2	1
0	0	0
3	2	3

Este cuadro mágico se basa en la ley de los números. Es un potente catalizador de suerte y además posee un efecto multiplicador.

♦ Coja un billete de 5.000 pesetas, o bien otro más pequeño o más grande, según sus medios, y únalo al cuadrado mágico. Pliéguelos juntos e introdúzcalos en la pequeña bolsa de pergamino.
¡Atención! Usted habrá sacrificado este billete. Nunca más deberá utilizarlo, pues su única función consistirá en atraer otros billetes.
♦ Añada polvos e incienso si es necesario, ya que el humo debe ser espeso a lo largo de todo el ritual.

La cuerdecilla
El misterio reside en hacer un número de nudos proporcional con su fecha de nacimiento.

Si usted ha nacido un

$$22 \qquad = 22$$
$$\text{de febrero} = 02$$
$$\text{de 1943} \quad = \underline{17} \ (1+9+4+3)$$
$$41$$

El número 41 debe reducirse a la cifra más simple, es decir:

$$4 + 1 = 5$$

Entonces tendrá que hacer cinco nudos a la cuerdecilla, separados por seis intervalos, es decir:

1 metro de cuerda dividido en 6 intervalos = 16,6 cm
Los nudos se harán cada 16,6 cm.

♦ Hará cada nudo diciendo:

> *«Este nudo que hago contiene la suerte y la riqueza».*

Diga estas palabras tantas veces como sea necesario, es decir, cada vez que haga un nudo.

Meta la cuerdecilla dentro de la bolsa y hágalos pasar por el humo.

Este ritual tiene que hacerse un DOMINGO.

La hora[12] escogida será:

en primavera:	entre las 22 h 30 y las 23 h 30;
en verano:	entre las 24 h 00 y las 24 h 40;
en otoño:	entre las 22 h 30 y las 23 h 30;
en invierno:	entre las 21 h 00 y las 21 h 40.

---

12. Vea la diferencia horaria según las latitudes en el anexo.

No cambie estos horarios si no es según la corrección de latitudes que podrá encontrar o bien en los volúmenes especializados, o bien recurriendo al Centro esotérico Van Chato.

La luna debe ser CRECIENTE (entre la luna nueva y la luna llena).

♦ Cuélguese la bolsa en el cuello, una vez usted la ha llenado de magia. A partir del momento en que reciba dinero o algún cheque, colóquelo en la bolsa durante unos instantes. Esto será suficiente para que reciba otros más adelante.

♦ Si coser no es uno de sus fuertes, puede pegar el pergamino por los tres lados, para confeccionar la bolsa.

♦ Haga el signo de la cruz sobre el altar y sacuda las manos como si quisiera liberarse de alguna cosa, diciendo: *«Amén, Amén, Amén»*. Seguidamente, lávese las manos y quítese la ropa que ha llevado puesta durante este ritual.

♦ El resultado dependerá de la fuerza de su deseo. Permanezca muy concentrado durante todo el ritual; no se distraiga.

♦ Su fuerza mental es la clave del éxito. Su magnetismo personal se unirá al humo que se dirige hacia los seres de luz y hacia las esferas superiores.

♦ ESTE RITUAL ES MUY PODEROSO. EN UN PLAZO DE UNOS 28 DÍAS SU DESEO TENDRÍA QUE HACERSE REALIDAD.

♦ Recuerde que no debe utilizar el billete que introducirá en la bolsa. Si lo hace, ¡correrá el peligro de arruinarse!

14
Rituales para la suerte

Hacen que el destino esté raramente en oposición con su deseo. Si esto se produce, le hará vivir un acontecimiento inesperado y feliz, gracias al cual recobrará el buen camino.

- Ayudan a que venga la armonía, o a mantenerla, entre los socios y las parejas.
- Aportan bienestar al hogar, también paz y amor.
- Facilitan las transacciones inmobiliarias de los bienes heredados y aumentan el patrimonio.
- Protegen de las obsesiones, de las falsas ideas y de los hechizos.
- Hacen recuperar la confianza en sí mismo y dirigen a las personas por el buen camino.
- Facilitan las cosas y liberan de obstáculos físicos o morales.
- Salvaguardan de los peligros desconocidos ante según qué cosas o personas.
- Hacen nacer simpatías y afectos espontáneos que aportan el apoyo moral o material necesarios.
- Desarrollan la intuición y la memoria. Hacen descubrir a los enemigos que están escondidos en nuestro entorno.
- Protegen de la angustia y del miedo al mañana.
- Ayudan a los solitarios a rehacer su vida sentimental para que no pasen los últimos días de su existencia en soledad.

Cómo obtener suerte

MATERIAL

    1 vela dorada (como ofrenda a la divinidad)
    polvos de ruda
    polvos de la suerte
    incienso de mirra
    aceite de pachulí
    tinta dorada
    un trozo pequeño de pergamino de 17,78 cm por
    17,78 cm
    una hoja de laurel
    sal
    carbones
    un compás

ALTAR

♦ Sobre una pequeña mesa, cubierta con un mantel blanco o con un tapiz de ritual, instalada hacia el este (verifíquelo con su brújula), disponga las velas tal y como lo muestra el dibujo.

4. vela dorada

ESTE

♦ Aplique el consejo nº 9 (página 101) para su preparación.
♦ Mezcle, en un plato pequeño y bien plano, tres pizcas de

polvo de ruda, tres pizcas de polvos de la suerte, dos pizcas de incienso de mirra y una pizca de sal.

♦ En otro plato, vierta el aceite de pachulí, coja la vela y hágala rodar en él. Seguidamente, pásela por la mezcla precedente y vuélvala a colocar en su sitio.

Este ritual tiene que hacerse dos DOMINGOS seguidos con la misma vela.

La hora[13] escogida será:

en primavera: entre las 13 h 30 y las 14 h 30;
en verano: entre las 14 h 00 y las 15 h 20;
en otoño: entre las 13 h 30 y las 14 h 30;
en invierno: entre las 13 h 00 y las 13 h 40.

No cambie estos horarios si no es según la corrección de latitudes que podrá encontrar o bien en los volúmenes especializados, o bien recurriendo al Centro esotérico Van Chatou.

La luna debe ser CRECIENTE (entre la luna nueva y la luna llena).

♦ Encienda un carbón y tire por encima tres o cuatro pizcas de la mezcla de los polvos.
♦ Ilumine la vela dorada.
♦ Una vez que esté encendida y que el incienso y los polvos desprendan su aroma, coja el compás y la tinta dorada y dibuje sobre el pergamino este símbolo solar.

---

13. Vea la diferencia horaria según las latitudes en el anexo.

- El círculo interior será de 9 cm y el exterior de 11 cm.
- Dibuje bien el punto del centro.
- Ponga el pergamino en el centro de la mesa y coloque la vela sobre el punto central.
- Tome la hoja de laurel y dibuje en ella el mismo signo dibujó en el pergamino.
- Acerque esta hoja a la llama de la vela y quémela diciendo:

> *«Yo (diga su nombre), ofrezco este vegetal para que la suerte me acompañe desde ahora en todas mis acciones. Que en todo momento esté presente en mi vida, especialmente cuando más la necesite».*

- Al mismo tiempo, visualice que su vida cambia y que le resulta sencilla, que está llena de felicidad y de buena suerte. Es necesario que se cree una imagen mental. Esta imagen mantendrá su deseo y permitirá que tome cuerpo. Permanezca así durante unos 15 minutos.
- Agradezca a los seres de los planos sutiles su ayuda y diga:

> *«Sé que Tú cumplirás mi deseo. Bendita sea tu presencia. Yo te doy las gracias a Ti, Dios del Universo, por tu poder».*

- Haga el signo de la cruz sobre el altar y sacuda las manos como si quisiera liberarse de alguna cosa, diciendo: *«Amén, Amén, Amén»*. Seguidamente, lávese las manos y quítese la ropa que ha llevado puesta durante este ritual.
- El resultado dependerá de la fuerza de su deseo. Permanezca muy concentrado durante todo el ritual; no se distraiga.
- Su fuerza mental es la clave del éxito. Su magnetismo personal se unirá al humo que se dirige hacia los seres de luz y hacia las esferas superiores.

◆ ESTE RITUAL LE APORTARÁ UNA CIERTA HOL-
GURA EN LO QUE SE REFIERE A LOS PROBLEMAS
DE LA VIDA COTIDIANA. UNA VEZ LO PRACTIQUE,
LA SUERTE TIENE UNA CITA CON USTED.

Cómo proteger la suerte

MATERIAL

    1 vela color malva (para la suerte o para Neptuno)
    1 vela blanca (para el ritualista)
    1 vela dorada (como ofrenda a la divinidad)
    incienso de benjuí o de la suerte
    incienso de los poderes psíquicos
    polvos de ruda
    polvos de apio
    sal
    carbones
    1 brújula

ALTAR

♦ Sobre una pequeña mesa, cubierta con un mantel blanco o con un tapiz de ritual, instalada hacia el este (verifíquelo con su brújula), disponga las velas tal y como lo muestra el dibujo.

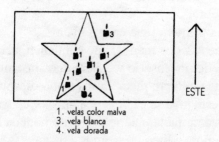

1. velas color malva
3. vela blanca
4. vela dorada

ESTE

♦ Aplique el consejo nº 9 (página 101) para su preparación.

Este ritual se hará posible gracias a sus joyas. Ciertamente, el hecho de llevar puesta una u otra joya puede ser sinónimo de tener suerte o, por el contrario, mala suerte.

Este ritual le hará reconocer cuáles le son benéficas.

♦ Con la ayuda de su brújula, sitúe su mesa de cara al este.

♦ Coloque el incensario en el centro de la mesa.

♦ Mezcle, en un plato pequeño y bien plano, en partes iguales (es decir, dos pizcas de cada uno de los polvos), el polvo de apio y el polvo de ruda, una pizca de sal, tres pizcas de benjuí o de incienso de la suerte y tres pizcas de poderes psíquicos.

♦ Encienda un carbón y tire por encima tres o cuatro pizcas de la mezcla de los polvos y del incienso.

♦ Pase rápidamente cada vela por el humo y vuélvalas a colocar donde estaban.

♦ Encienda las seis velas de color malva en el orden que aparece en el dibujo.

♦ Encienda la vela dorada.

♦ Encienda la vela blanca.

♦ Reúna ante usted todas sus joyas, aunque tengan poco valor, y páselas una detrás de la otra por el humo. Esté bien atento.

♦ Tome la primera joya en sus manos.

♦ Coloque sus dos manos, que contienen, cerradas, su joya, encima del incensario y espere unos instantes.

♦ Si siente un ligero picor en sus manos después de unos minutos, esta joya le es benéfica en su vida social.

♦ Si no siente nada, apártela y evite ponérsela, pues o bien es maléfica, o bien no le aporta nada.

♦ Compruebe de este modo si sus joyas le benefician, una por una. Coloque las que son benéficas en la derecha y las que no lo son, a la izquierda.

No se precipite, tómese todo su tiempo. En caso de duda, apártelo para intentarlo de nuevo más tarde.

♦ Añada de vez en cuando un poco de mezcla de polvos para que el humo no deje de elevarse.

Este ritual tiene que hacerse un DOMINGO.
La hora[14] escogida será:

en primavera:	entre las 21 h 30 y las 22 h 30;
en verano:	entre las 23 h 00 y las 24 h 00;
en otoño:	entre las 21 h 30 y las 22 h 30;
en invierno:	entre las 19 h 40 y las 21 h 00.

No cambie estos horarios si no es según la corrección de latitudes que podrá encontrar o bien en los volúmenes especializados, o bien recurriendo al Centro esotérico Van Chatou.
La luna debe ser CRECIENTE (entre la luna nueva y la luna llena).

♦ Medite durante unos instantes, después apague las velas en el orden inverso en el que las encendió.
♦ No las apague con un soplo, sino con un apagavelas. Seguidamente, deshágase de ellas, pues no se deben utilizar más.
♦ En principio, solamente debería ponerse las joyas que están a su derecha. Si hay algunas que están a su izquierda y que usted quiere mantener, póngaselas, pero sepa que no le aportarán la suerte necesaria en la mayoría de los casos. Como prevención, no las lleve nunca cuando tenga que hacer gestiones importantes.
♦ Sin embargo, una joya le puede ser benéfica a título personal y mostrarse poco operante en situaciones difíciles. Entonces usted, sólo en este caso, deberá hacer un segundo

---

14. Vea la diferencia horaria según las latitudes en el anexo.

test de compatibilidad. Tendrá que llevar sólo una joya a lo largo de todo el día para ver cómo se mostrará:
• Si se siente en forma
• Si su suerte natural se pone en marcha
• Si el azar está a su favor

Si una joya le es benéfica en su vida cotidiana, llévela puesta siempre que le sea posible.

Pero si:
• Se siente de mal humor sin ninguna razón
• Su suerte natural parece haberle abandonado
• Le suceden acontecimientos desagradables

Esta joya le es favorable a título personal, pero no en su vida social. No la lleve puesta los días de cada día.

♦ Después de algunos meses, se habrá puesto todas sus joyas una por una y habrá seleccionado las que le son favorables en su vida social. A partir de este momento, lleve al mismo tiempo todas sus joyas, y no se ponga otras que no sean éstas. De este modo creará una verdadera armadura de la suerte.

♦ Haga el signo de la cruz sobre el altar y sacuda las manos como si quisiera liberarse de alguna cosa, diciendo: «*Amén, Amén, Amén*». Seguidamente, lávese las manos y quítese la ropa que ha llevado puesta durante este ritual.

♦ El resultado dependerá en gran parte de la fuerza de su deseo. Permanezca muy concentrado durante todo el ritual; no se distraiga.

♦ Su fuerza mental es la clave del éxito. Su magnetismo personal se unirá al humo que se dirige hacia los seres de luz y hacia las esferas superiores.

♦ ESTE RITUAL LE APORTARÁ UNA CIERTA HOLGURA EN LO QUE SE REFIERE A LOS PROBLEMAS DE LA VIDA COTIDIANA. UNA VEZ LO PRACTIQUE, LA SUERTE TIENE UNA CITA CON USTED.

15
Ritual para la salud

Haga este ritual cuando quiera recuperar la salud de usted o de uno de los suyos; antes de una intervención quirúrgica o para que un parto tenga lugar rápidamente y sin complicaciones.

♦ El talismán que acompaña este ritual es un grafismo de vitalidad, de protección y de salud. Proporciona fuerza nerviosa y permite conservar la juventud.

♦ Sirve para proteger al cuerpo de enfermedades. Mejora el estado físico y protege de los riesgos de intoxicación y de las enfermedades contagiosas.

♦ Da resistencia y protege de los riesgos accidentales. Combate la esterilidad e inmuniza del contagio. Desarrolla aptitudes médicas, permite curar y curarse y favorece la longevidad.

♦ Es el ritual de la resistencia activa, de la vitalidad y de la virilidad. Combate la impotencia y la frigidez.

♦ Mejora la salud de las mujeres y de los jóvenes. Combate el exceso de bilis, las enfermedades hepáticas y de los riñones.

♦ Protege de las imprudencias, de los peligros, de las lesiones, de los accidentes y de la muerte violenta.

♦ Protege a las mujeres de las preocupaciones por su salud. Combate la uremia, los malos partos, las enfermedades hereditarias y el miedo a la muerte.

♦ Protege contra los problemas nerviosos, la neuralgia, el asma, los problemas estomacales, las pérdidas de memoria. Combate la gastritis, los dolores intercostales, las fiebres y los problemas de la vista.

♦ Combate las enfermedades de los riñones y de los órganos genitales. Protege de todo tipo de neuritis y permite mantenerse joven durante mucho tiempo.

♦ Combate las dificultades de elocución, las enfermedades de la próstata y los envenenamientos, las enfermedades de la sangre, los problemas de la plétora, las hemorroides, las bronquitis sanguíneas.

♦ Favorecerá una vejez lúcida y alejará los inconvenientes. Combate los insomnios, las enfermedades de la piel, las dolencias purulentas y los problemas mal definidos. Cura la angustia.

Para recuperar la salud

MATERIAL

> 4 velas marrones (para Marte y la salud)
> 4 velas naranjas (para Saturno y la salud)
> 1 vela blanca (para el ritualista)
> 1 vela dorada (como ofrenda a la divinidad)
> incienso de meditación
> incienso del zodiaco
> polvos de flores
> polvos de ruda
> sal
> carbón
> 1 brújula
> 1 cristal
> su piedra de nacimiento

ALTAR

♦ Sobre una pequeña mesa, cubierta con un mantel blanco o con un tapiz de ritual, instalada hacia el este (verifíquelo con su brújula), disponga las velas tal y como lo muestra el dibujo.

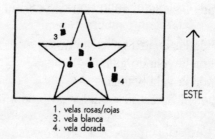

1. velas rosas/rojas
3. vela blanca
4. vela dorada

♦ Aplique el consejo n° 9 (página 101) para su preparación.

- Con la ayuda de su brújula, coloque la mesa hacia el este.
- Coloque el incensario en el centro de la mesa.
- Mezcle en un plato pequeño los polvos de flores y de ruda (en partes iguales, de dos pizcas cada uno), una pizca de sal y tres de incienso del zodiaco y de la meditación.

Este ritual tiene que hacerse un MARTES.
La hora[15] escogida será:

en primavera:	entre las 9 h 30 y las 10 h 30;
en verano:	entre las 11 h 00 y las 12 h 00;
en otoño:	entre las 9 h 30 y las 10 h 30;
en invierno:	entre las 15 h 40 y las 19 h 00.

No cambie estos horarios si no es según la corrección de latitudes que podrá encontrar o bien en los volúmenes especializados, o bien recurriendo al Centro esotérico Van Chatou.
La luna debe ser CRECIENTE (entre la luna nueva y la luna llena).

- Encienda un carbón y tire por encima tres o cuatro pizcas de la mezcla de los polvos y del incienso.
- Pase rápidamente cada vela por el humo y colóquela de nuevo en su sitio.
- Encienda las cuatro velas marrones según el orden del dibujo.
- Encienda las cuatro velas naranjas.
- Encienda la vela dorada.
- Encienda la vela blanca.
- Pase por el humo su cristal y su piedra de nacimiento, y diga:

«Yo (diga su nombre) ofrezco esta piedra para que la salud me acompañe ahora y en todas mis

---

15. Vea la diferencia horaria según las latitudes en el anexo.

*acciones. Que esté presente en cada momento de
mi vida y que esta piedra se impregne de fuerza,
de vitalidad y de bienestar».*

♦ Al mismo tiempo, visualice en estos instantes que usted recupera la salud y que la mantiene para siempre. Es necesario que cree una imagen mental. Esta imagen mantendrá su deseo y le permitirá que tome cuerpo. Permanezca así durante unos 15 minutos.

♦ Agradezca a los seres de los planos sutiles su ayuda y diga:

*«Espíritu de Samuel, ángel marciano, protégeme
y cúrame en salud. Sé que Tú cumplirás mi deseo.
Bendita sea tu presencia. Yo te doy las gracias a
Ti, Dios del Universo, por tu poder».*

♦ Medite algunos instantes, después apague las velas en el orden inverso en que las encendió.
♦ No las apague con un soplo, sino con un apagavelas. Seguidamente, despréndase de ellas, pues no deben utilizarse más.
♦ Cuando retome su cristal o su piedra de nacimiento en la mano, sentirá calor. Cada vez que se encuentre cansado, cójala con su mano durante unos instantes y diríjase interiormente al ángel Samuel. Es más, llévela siempre con usted o en su bolso.
♦ Haga el signo de la cruz sobre el altar y sacuda las manos como si quisiera liberarse de alguna cosa, diciendo: *«Amén, Amén, Amén».* Seguidamente, lávese las manos y quítese la ropa que ha llevado puesta durante este ritual.
♦ El resultado dependerá de la fuerza de su deseo. Permanezca muy concentrado durante todo el ritual; no se distraiga.
♦ Su fuerza mental es la clave del éxito. Su magnetismo per-

sonal se unirá al humo que se dirige hacia los seres de luz y hacia las esferas superiores.

♦ ESTE RITUAL LE LIBERARÁ DE SUS ENFERMEDA-DES, LE DARÁ CALMA Y QUIETUD, QUE SON LA CLAVE DE UNA BUENA SALUD.

Y no olvide guardar el secreto de la magia de las velas.

16
Ritual para el trabajo

Haga este ritual para encontrar o para mantener un trabajo, para obtener un ascenso o mejores condiciones de trabajo.

- Hace que nazcan simpatías y afectos espontáneos que aportan el apoyo moral o material que le faltan.
- Favorece la armonía y el equilibrio en todos los dominios de la actividad humana y otorga el éxito en el camino seguido. Materializa el deseo y las ideas se vuelven rentables. Activa las concepciones artísticas y las convierte en productivas, económicamente.
- Ayuda a obtener el ascenso que deseamos. Otorga protección y un trato favorable por parte de los demás. Lleva por el camino del éxito.
- Permite mantener los compromisos y solucionar situaciones complicadas.
- Combate la adversidad, las pérdidas de dinero, la pobreza. Controla la fortuna personal. Permite encontrar trabajo y obtener un ascenso.
- Atrae la suerte en el comercio y en los viajes. Es útil para obtener ese empleo tan codiciado. Ayuda a cambiar nuestras vidas y a encontrar los medios necesarios para ascender en el plano profesional.
- Permite adaptarse a lo que hay y esperar con toda confianza días mejores. Es el rito de la providencia y de la buena suerte.
- Da satisfacciones materiales constantes. Aumenta los bienes, sea gracias a una herencia o al don de algún protector.
- Ayuda a encontrar a esa buena persona que le echará una mano en el momento en que lo necesite.

Para encontrar trabajo
o para mantener un empleo

MATERIAL
> 4 velas amarillas (para Mercurio y el trabajo)
> 4 velas grises (para Urano y el encuentro)
> 1 vela blanca (para el ritualista)
> 1 vela dorada (como ofrenda a la divinidad)
> incienso de concentración
> incienso del zodiaco
> polvos de tomillo
> polvos de lavanda
> sal
> carbón
> 1 brújula
> 1 trocito de pergamino de 10 cm por 10 cm
> 1 cristal
> 1 pirámide

ALTAR
♦ Sobre una pequeña mesa, cubierta con un mantel blanco o con un tapiz de ritual, instalada hacia el este (verifíquelo con su brújula), disponga las velas tal y como lo muestra el dibujo.

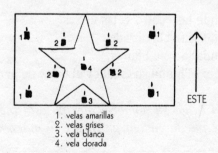

1. velas amarillas
2. velas grises
3. vela blanca
4. vela dorada

183

- Aplique el consejo nº 9 (página 101) para su preparación.
- Con la ayuda de su brújula, coloque la mesa hacia el este.
- Coloque el incensario en el medio de la mesa.
- Mezcle en un plato pequeño los polvos de tomillo y de lavanda (en partes iguales, de dos pizcas cada una), una pizca de sal y tres de incienso del zodiaco y de concentración.

Este ritual tiene que hacerse un MIÉRCOLES.
La hora[16] escogida será:

en primavera:	entre las 12 h 00 y las 13 h 30;
en verano:	entre las 14 h 00 y las 15 h 30;
en otoño:	entre las 12 h 00 y las 13 h 30;
en invierno:	entre las 16 h 30 y las 18 h 00.

No cambie estos horarios si no es según la corrección de latitudes que podrá encontrar o bien en los volúmenes especializados, o bien recurriendo al Centro esotérico Van Chatou.
La luna debe ser CRECIENTE (entre la luna nueva y la luna llena).

- Encienda un carbón y tire por encima tres o cuatro pizcas de la mezcla de los polvos y del incienso.
- Pase rápidamente cada vela por el humo y colóquela de nuevo en su sitio.
- Encienda las cuatro velas amarillas según el orden del dibujo.
- Encienda las cuatro velas grises.
- Encienda la vela dorada.
- Encienda la vela blanca.
- Pase por el humo su cristal y el trozo de pergamino, y diga:

*«Yo (diga su nombre) ofrezco esta piedra para
que pueda encontrar coraje (o mantener el co-*

---

16. Vea la diferencia horaria según las latitudes en el anexo.

raje) en todas mis acciones. Que esté presente en cada momento de mi vida y que me permita encontrar (mantener) el trabajo necesario para que pueda sentirme realizado».

♦ Al mismo tiempo, visualice en estos instantes que usted encuentra ese trabajo que tanto desea. Es necesario que cree una imagen mental. Esta imagen mantendrá su deseo y le permitirá que tome cuerpo. Permanezca así durante unos 15 minutos.

♦ Agradezca a los seres de los planos sutiles su ayuda y diga:

«Espíritu de Rafael, ángel de Mercurio, protégeme y hazme encontrar el trabajo que necesito. Sé que Tú cumplirás mi deseo. Bendita sea tu presencia. Yo te doy las gracias a Ti, Dios del Universo, por tu poder».

♦ Medite algunos instantes, después apague las velas en el orden inverso en que las encendió.

♦ No las apague con un soplo, sino con un apagavelas. Seguidamente, despréndase de ellas, pues no deben usarse más.

♦ Tome su trozo de pergamino y en él inscriba que quiere encontrar trabajo. Introdúzcalo en la pirámide, que colocará bajo el cristal. Todas las noches, durante 10 días, coja el pergamino con la mano izquierda durante unos instantes, dirigiéndose en su interior al ángel Rafael. Al cabo de diez días, llévelo con usted y diríjase al ángel tres veces al día. Haga esto hasta el momento en que encuentre trabajo. Cuando así sea, queme el pergamino.

♦ Haga el signo de la cruz sobre el altar y sacuda las manos como si quisiera liberarse de alguna cosa, diciendo: *«Amén, Amén, Amén»*. Seguidamente, lávese las manos y quítese la ropa que ha llevado puesta durante este ritual.

- El resultado dependerá de la fuerza de su deseo. Permanezca muy concentrado durante todo el ritual; no se distraiga.
- Su fuerza mental es la clave del éxito. Su magnetismo personal se unirá al humo que se dirige hacia los seres de luz y hacia las esferas superiores.
- ESTE RITUAL LE APORTARÁ EL TRABAJO O EL ASCENSO QUE TANTO DESEA. EN UN PLAZO DE UNOS 90 DÍAS SU DESEO TENDRÍA QUE HACERSE REALIDAD.

No olvide guardar el secreto de la magia de las velas.

Conclusión

Ahora sólo le falta poner en práctica todo lo que ya ha aprendido. Concéntrese, no se dé prisa y mantenga el secreto si quiere conseguir sus propósitos.

La experiencia ha demostrado que si se siguen bien los consejos aquí propuestos, lo rituales dan resultado.

¡Se sorprenderá al ver cambiar su vida
gracias a la magia de las velas!

Si quiere aumentar su suerte, haga u ofrezca un TALISMÁN de la fortuna, de la riqueza, de la salud, del trabajo o del amor.

Anexos

INFORME DEL RITUAL

Motivo del ritual: _____

Nombre del ángel guía: _____

Astro: _____ Día: _____

Horas: _____

Duración del ritual o de la novena: _____

Necesario: _____

_____

_____

_____

_____

Descripción del altar: _____

_____

_____

_____

_____

_____

Observaciones: _____

_____

_____

_____

TABLA DE LAS PIEDRAS DE NACIMIENTO

Aries	Diamante, rubí, jaspe sanguíneo, cuarzo claro
Tauro	Zafiro, lapislázuli, esmeralda, malaquita, crisoprasa
Géminis	Citrino, ágata amarilla
Cáncer	Perla, piedra de luna
Leo	Ojo de gato, peridoto, sardónice
Virgo	Jaspe verde, sardónice, sardo
Libra	Zafiro, turmalina, cornalina
Escorpio	Rubí, ópalo, jaspe rojo
Sagitario	Topacio, citrino
Capricornio	Turquesa, cuarzo ahumado, circón
Acuario	Amatista, granate
Piscis	Amatista, piedra de luna

TABLA DE LAS HORAS PLANETARIAS

Día (a partir del amanecer)

H	01	02	03	04	05	06	07	08	09	10	11	12
Días												
Domingo	Sol	Ve..	Me.	Lu.	Sa.	Ju.	Ma.	Sol	Ve.	Me.	Lu.	Sa.
Lunes	Lu.	Sa.	Ju.	Ma.	Sol	Ve.	Me.	Lu.	Sa.	Ju.	Ma.	So.
Martes	Ma.	Sol	Ve.	Me.	Lu.	Sa.	Ju.	Ma.	Sol	Ve.	Me.	Lu.
Miércoles	Me	Lu.	Sa.	Ju.	Ma.	Sol	Ve.	Me.	Lu.	Sa.	Ju.	Ma.
Jueves	Ju.	Ma.	Sol	Ve.	Me.	Lu.	Sa.	Ju.	Ma.	Sol	Ve.	Me.
Viernes	Ve.	Me.	Lu.	Sa.	Ju.	Ma.	Sol	Ve.	Me.	Lu.	Sa.	Ju.
Sábado	Sa.	Ju.	Ma.	Sol	Ve.	Me.	Lu.	Sa.	Ju.	Ma.	Sol	Ve.

Noche (a partir del anochecer)

H	01	02	03	04	05	06	07	08	09	10	11	12
Días												
Domingo	Ju.	Ma.	So.	Ve.	Me.	Lu.	Sa.	Ju.	Ma.	Sol	Ve.	Me.
Lunes	Ve.	Me.	Lu.	Sa.	Ju.	Ma.	Sol	Ve.	Me.	Lu.	Sa.	Ju.
Martes	Sa.	Ju.	Ma.	Sol	Ve.	Me.	Lu.	Sa.	Ju.	Ma.	Sol	Ve.
Miércoles	Sol	Ve.	Me	Lu.	Sa.	Ju.	Ma.	Sol	Me.	Lu.	Sa.	Ju.
Jueves	Lu.	Sa.	Ju.	Ma.	Sol	Ve.	Me.	Lu.	Sa.	Ju.	Ma.	Sol
Viernes	Ma.	Sol	Ve.	Me.	Lu.	Sa.	Ju.	Ma.	Sol	Ve.	Me.	Lu.
Sábado	Me.	Lu.	Sa.	Ju.	Ma.	So.	Ve.	Me.	Lu.	Sa.	Ju.	Ma.

Sol	Ve. = Venus	Me. = Mercurio	Lu. = Luna
	Sa. = Saturno	Ju. = Júpiter	Ma. = Marte

TABLA DE LOS ÁNGELES
Y DE SUS CORRESPONDENCIAS ZODIACALES

1	Vehuiah	de	0°	a	5°	Aries	del 21 al 25 de marzo
2	Jeliel	de	5°	a	10°	Aries	del 26 al 30 de marzo
3	Sitael	de	10°	a	15°	Aries	del 31 de marzo al 4 de abril
4	Elemiah	de	15°	a	20°	Aries	del 5 al 9 de abril
5	Mahasiah	de	20°	a	25°	Aries	del 10 al 14 de abril
6	Lelahel	de	25°	a	30°	Aries	del 15 al 20 de abril
7	Alaiah	de	0°	a	5°	Tauro	del 21 al 25 de abril
8	Cahete	de	5°	a	10°	Tauro	del 26 al 30 de abril
9	Haziel	de	10°	a	15°	Tauro	del 1 al 5 de mayo
10	Aladiah	de	15°	a	20°	Tauro	del 6 al 10 de mayo
11	Lauviah	de	20°	a	25°	Tauro	del 11 al 15 de mayo
12	Hahaiah	de	25°	a	30°	Tauro	del 16 al 20 de mayo
13	Yezalel	de	0°	a	5°	Géminis	del 21 al 25 de mayo
14	Mebahel	de	5°	a	10°	Géminis	del 26 al 31 de mayo
15	Hariel	de	10°	a	15°	Géminis	del 1 al 5 de junio
16	Hekamiah	de	15°	a	20°	Géminis	del 6 al 10 de junio
17	Lauviah 2	de	20°	a	25°	Géminis	del 11 al 15 de junio
18	Caliel	de	25°	a	30°	Géminis	del 16 al 21 de junio
19	Leuviah	de	0°	a	5°	Cáncer	del 22 al 26 de junio
20	Pahaliah	de	5°	a	10°	Cáncer	del 27 de junio al 1 de julio
21	Nelchael	de	10°	a	15°	Cáncer	del 2 al 6 de julio
22	Yeiayel	de	15°	a	20°	Cáncer	del 7 al 11 de julio
23	Melahel	de	20°	a	25°	Cáncer	del 12 al 16 de julio
24	Haheuiah	de	25°	a	30°	Cáncer	del 17 al 22 de julio

25	Nith-Haiah	de	0°	a	5° Leo	del 23 al 27 de julio
26	Haaiah	de	5°	a	10° Leo	del 28 de julio al 1 de agosto
27	Yeratel	de	10°	a	15° Leo	del 2 al 6 de agosto
28	Seheiah	de	15°	a	20° Leo	del 7 al 12 de agosto
29	Reiyel	de	20°	a	25° Leo	del 13 al 17 de agosto
30	Omael	de	25°	a	30° Leo	del 18 al 22 de agosto
31	Lecabel	de	0°	a	5° Virgo	del 23 al 28 de agosto
32	Vasariah	de	5°	a	10° Virgo	del 28 de agos. al 2 de sept.
33	Yeuyah	de	10°	a	15° Virgo	del 3 al 7 de septiembre
34	Lehahiah	de	15°	a	20° Virgo	del 8 al 12 de septiembre
35	Khavaquiah	de	20°	a	25° Virgo	del 13 al 17 de septiembre
36	Menadel	de	25°	a	30° Virgo	del 18 al 23 de septiembre
37	Aniel	de	0°	a	5° Libra	del 24 al 28 de septiembre
38	Haamiah	de	5°	a	10° Libra	del 28 de sept. al 3 de oct.
39	Rehael	de	10°	a	15° Libra	del 4 al 8 de octubre
40	Yeiazel	de	15°	a	20° Libra	del 9 al 13 de octubre
41	Hahahel	de	20°	a	25° Libra	del 14 al 18 de octubre
42	Mikhael	de	25°	a	30° Libra	del 19 al 23 de octubre
43	Veuliah	de	0°	a	5° Escorpio	del 24 al 28 de octubre
44	Yelaiah	de	5°	a	10° Escorpio	del 29 de oct. al 2 de nov.
45	Sealiah	de	10°	a	15° Escorpio	del 3 al 7 de noviembre
46	Ariel	de	15°	a	20° Escorpio	del 8 al 12 de noviembre
47	Asaliah	de	20°	a	25° Escorpio	del 13 al 17 de noviembre
48	Mihael	de	25°	a	30° Escorpio	del 18 al 22 de noviembre

49	Vehuel	de	0° a 5°	Sagitario	del 23 al 27 de noviembre
50	Daniel	de	5° a 10°	Sagitario	del 29 de nov. al 2 de dic.
51	Hahasiah	de	10° a 15°	Sagitario	del 3 al 7 de diciembre
52	Imamiah	de	15° a 20°	Sagitario	del 8 al 12 de diciembre
53	Nanael	de	20° a 25°	Sagitario	del 13 al 16 de diciembre
54	Nithael	de	25° a 30°	Sagitario	del 17 al 21 de diciembre

55	Mebahiah	de	0° a 5°	Capricornio	del 22 al 26 de diciembre
56	Poyel	de	5° a 10°	Capricornio	del 27 al 31 de diciembre
57	Nemamiah	de	10° a 15°	Capricornio	del 1 al 5 de enero
58	Yeyalel	de	15° a 20°	Capricornio	del 6 al 10 de enero
59	Harael	de	20° a 25°	Capricornio	del 11 al 15 de enero
60	Mitzrael	de	25° a 30°	Capricornio	del 16 al 20 de enero

61	Umabel	de	0° a 5°	Acuario	del 21 al 25 de enero
62	Iah-Hel	de	5° a 10°	Acuario	del 26 al 30 de enero
63	Anauel	de	10° a 15°	Acuario	del 31 de enero al 4 de febr.
64	Mehiel	de	15° a 20°	Acuario	del 5 al 9 de febrero
65	Damabiah	de	20° a 25°	Acuario	del 10 al 14 de febrero
66	Manakel	de	25° a 30°	Acuario	del 15 al 19 de febrero

67	Ayael	de	0° a 5°	Piscis	del 20 al 24 de febrero
68	Habuiah	de	5° a 10°	Piscis	del 25 al 29 de febrero
69	Rochel	de	10° a 15°	Piscis	del 1 al 5 de marzo
70	Yabamiah	de	15° a 20°	Piscis	del 6 al 10 de marzo
71	Haiaiel	de	20° a 25°	Piscis	del 11 al 15 de marzo
72	Mumiah	de	25° a 30°	Piscis	del 16 al 20 de marzo

TABLA DE LAS HORAS PARA CADA RITUAL

Genios que rigen el cuerpo mental	Regencias a partir del amanecer
1 Vehuiah	desde el amanecer hasta las 0 h 20
2 Jeliel	desde las 0 h 20 hasta las 0 h 40
3 Sitael	desde las 0 h 40 hasta la 1 h 00
4 Elemiah	desde la 1 h 00 hasta la 1 h 20
5 Mahasiah	desde la 1 h 20 hasta la 1 h 40
6 Lelahel	desde la 1 h 40 hasta las 2 h 00
7 Achaiah	desde las 2 h 00 hasta las 2 h 20
8 Cahetel	desde las 2 h 20 hasta las 2 h 40
9 Haziel	desde las 2 h 40 hasta las 3 h 00
10 Aladiah	desde las 3 h 00 hasta las 3 h 20
11 Lauviah	desde las 3 h 00 hasta las 3 h 40
12 Hahaiah	desde las 3h 40 hasta las 4 h 00
13 Yezalel	desde las 4 h 00 hasta las 4 h 20
14 Mebahel	desde las 4 h 20 hasta las 4 h 40
15 Hariel	desde las 4 h 40 hasta las 5 h 00
16 Hekamiah	desde las 5 h 00 hasta las 5 h 20
17 Lauviah 2	desde las 5 h 20 hasta las 5 h 40
18 Caliel	desde las 5 h 40 hasta las 6 h 00
19 Leuviah	desde las 6 h 00 hasta las 6 h 20
20 Pahaliah	desde las 6 h 20 hasta las 6 h 40
21 Nelchael	desde las 6 h 40 hasta las 7 h 00
22 Yeiayel	desde las 7 h 00 hasta las 7 h 20
23 Melahel	desde las 7 h 20 hasta las 7 h 40
24 Heheuiah	desde las 7 h 40 hasta las 8 h 00
25 Nith-Haiah	desde las 8 h 00 hasta las 8 h 20

26	Haaaiah	desde las	8 h 20	hasta las	8 h 40
27	Yeratel	desde las	8 h 40	hasta las	9 h 00
28	Seheiah	desde las	9 h 00	hasta las	9 h 20
29	Reiyel	desde las	9 h 20	hasta las	9 h 40
30	Omael	desde las	9 h 40	hasta las	10 h 00
31	Lecabel	desde las	10 h 00	hasta las	10 h 20
32	Vasariah	desde las	10 h 20	hasta las	10 h 40
33	Yehuyah	desde las	10 h 40	hasta las	11 h 00
34	Lehaiah	desde las	11 h 00	hasta las	11 h 20
35	Khavaquiah	desde las	11 h 20	hasta las	11 h 40
36	Menadel	desde las	11 h 40	hasta las	12 h 00
37	Aniel	desde las	12 h 00	hasta las	12 h 20
38	Haamiah	desde las	12 h 20	hasta las	12 h 40
39	Rehael	desde las	12 h 40	hasta las	13 h 00
40	Yeiazel	desde las	13 h 00	hasta las	13 h 20
41	Hahahel	desde las	13 h 20	hasta las	13 h 40
42	Mikhael	desde las	13 h 40	hasta las	14 h 00
43	Veuliah	desde las	14 h 00	hasta las	14 h 20
44	Yelaiah	desde las	14 h 20	hasta las	14 h 40
45	Sealiah	desde las	14 h 40	hasta las	15 h 00
46	Ariel	desde las	15 h 00	hasta las	15 h 20
47	Asaliah	desde las	15 h 20	hasta las	15 h 40
48	Mihael	desde las	15 h 40	hasta las	16 h 00
49	Vehuel	desde las	16 h 00	hasta las	16 h 20
50	Daniel	desde las	16 h 20	hasta las	16 h 40
51	Hahasiah	desde las	16 h 40	hasta las	17 h 00
52	Imamiah	desde las	17 h 00	hasta las	17 h 20
53	Nanael	desde las	17 h 20	hasta las	17 h 40
54	Nithael	desde las	17 h 40	hasta las	18 h 00
55	Mebahiah	desde las	18 h 00	hasta las	18 h 20

56	Poyel	desde las 18 h 20 hasta las 18 h 40
57	Nemamiah	desde las 18 h 40 hasta las 19 h 00
58	Yeyalel	desde las 19 h 00 hasta las 19 h 20
59	Harael	desde las 19 h 20 hasta las 19 h 40
60	Mitzrael	desde las 19 h 40 hasta las 20 h 00
61	Umabel	desde las 20 h 00 hasta las 20 h 20
62	Iah-Hel	desde las 20 h 20 hasta las 20 h 40
63	Anauel	desde las 20 h 40 hasta las 21 h 00
64	Mehiel	desde las 21 h 00 hasta las 21 h 20
65	Damabiah	desde las 21 h 20 hasta las 21 h 40
66	Manakel	desde las 21 h 40 hasta las 22 h 00
67	Ayael	desde las 22 h 00 hasta las 22 h 20
68	Habuhiah	desde las 22 h 20 hasta las 22 h 40
69	Rochel	desde las 22 h 40 hasta las 23 h 00
70	Yabamiah	desde las 23 h 00 hasta las 23 h 20
71	Haiaiel	desde las 23 h 20 hasta las 23 h 40
72	Muniah	desde las 23 h 40 hasta las 24 h 00

EL RELOJ PLANERARIO

HORAS	DOMINGO	LUNES	MARTES	MIÉRCOLES	JUEVES	VIERNES	SÁBADO
De cero a 1 h	Sol	Luna	Marte	Mercurio	Júpiter	Venus	Saturno
De 1 h a 2 h	Venus	Saturno	Sol	Luna	Marte	Mercurio	Júpiter
De 2 h a 3 h	Mercurio	Júpiter	Venus	Saturno	Sol	Luna	Marte
De 3 h a 4 h	Luna	Marte	Mercurio	Júpiter	Venus	Saturno	Sol
De 4 h a 5 h	Saturno	Sol	Luna	Marte	Mercurio	Júpiter	Venus
De 5 h a 6 h	Júpiter	Venus	Saturno	Sol	Luna	Marte	Mercurio
De 6 h a 7 h	Marte	Mercurio	Júpiter	Venus	Saturno	Sol	Luna
De 7 h a 8 h	Sol	Luna	Marte	Mercurio	Júpiter	Venus	Saturno
De 8 h a 9 h	Venus	Saturno	Sol	Luna	Marte	Mercurio	Júpiter
De 9 h a 10 h	Mercurio	Júpiter	Venus	Saturno	Sol	Luna	Marte
De 10 h a 11 h	Luna	Marte	Mercurio	Júpiter	Venus	Saturno	Sol
De 11 h a 12 h	Saturno	Sol	Luna	Marte	Mercurio	Júpiter	Venus
De 12 h a 13 h	Júpiter	Venus	Saturno	Sol	Luna	Marte	Mercurio
De 13 h a 14 h	Marte	Mercurio	Júpiter	Venus	Saturno	Sol	Luna
De 14 h a 15 h	Sol	Luna	Marte	Mercurio	Júpiter	Venus	Saturno
De 15 h a 16 h	Venus	Saturno	Sol	Luna	Marte	Mercurio	Júpiter
De 16 h a 17 h	Mercurio	Júpiter	Venus	Saturno	Sol	Luna	Marte
De 17 h a 18 h	Luna	Marte	Mercurio	Júpiter	Venus	Saturno	Sol
De 18 h a 19 h	Saturno	Sol	Luna	Marte	Mercurio	Júpiter	Venus
De 19 h a 20 h	Júpiter	Venus	Saturno	Sol	Luna	Marte	Mercurio
De 20 h a 21 h	Marte	Mercurio	Júpiter	Venus	Saturno	Sol	Luna
De 21 h a 22 h	Sol	Luna	Marte	Mercurio	Júpiter	Venus	Saturno
De 22 h a 23 h	Venus	Saturno	Sol	Luna	Marte	Mercurio	Júpiter
De 23 h a 24 h	Mercurio	Júpiter	Venus	Saturno	Sol	Luna	Marte

LOS AMANECERES Y LOS ANOCHECERES

Mes		Amanecer	Anochecer	I.S.D. AMA.	I.S.D. ANOCH.	Mes		Amanecer	Anochecer	I.S.D. AMA.	I.S.D. ANOCH.
ENERO	1	7 h 46	16 h 02	4 h 08	4 h 08	JULIO	1	3 h 52	19 h 56	8 h 02	8 h 02
	7	7 h 45	16 h 09	4 h 12	4 h 13		7	3 h 56	19 h 54	7 h 59	7 h 59
	13	7 h 42	16 h 16	4 h 17	4 h 17		13	4 h 02	19 h 50	7 h 54	7 h 54
	19	7 h 39	16 h 25	4 h 22	4 h 24		19	4 h 08	19 h 45	7 h 49	7 h 48
	25	7 h 32	16 h 34	4 h 31	4 h 31		25	4 h 15	19 h 38	7 h 42	7 h 41
	31	7 h 25	16 h 44	4 h 39	4 h 40		31	4 h 23	19 h 31	7 h 34	7 h 34
FEBRERO	1	7 h 24	16 h 45	4 h 40	4 h 41	AGOSTO	1	4 h 24	19 h 29	7 h 33	7 h 32
	7	7 h 15	16 h 55	4 h 50	4 h 50		7	4 h 32	19 h 20	7 h 24	7 h 24
	13	7 h 05	17 h 05	5 h 00	5 h 00		13	4 h 40	19 h 10	7 h 16	7 h 17
	19	6 h 55	17 h 15	5 h 10	5 h 10		19	4 h 49	18 h 59	7 h 05	7 h 05
	25	6 h 44	17 h 25	5 h 20	5 h 21		25	4 h 57	18 h 43	6 h 56	6 h 55
	28	6 h 38	17 h 30	5 h 25	5 h 27		31	5 h 06	18 h 36	6 h 45	6 h 45
MARZO	1	6 h 36	17 h 31	5 h 27	5 h 28	SEPTIEMBRE	1	5 h 07	18 h 34	6 h 44	6 h 43
	7	6 h 24	17 h 41	5 h 38	5 h 39		7	5 h 16	18 h 21	6 h 33	6 h 32
	13	6 h 12	17 h 50	5 h 48	5 h 50		13	5 h 24	18 h 09	6 h 23	6 h 22
	19	5 h 59	17 h 59	6 h 00	6 h 00		19	5 h 33	17 h 56	6 h 12	6 h 11
	25	5 h 47	18 h 08	6 h 10	6 h 11		25	5 h 41	17 h 43	6 h 02	6 h 00
	31	5 h 34	18 h 17	6 h 21	6 h 22		30	5 h 48	17 h 33	5 h 53	5 h 52
ABRIL	1	5 h 32	18 h 19	6 h 23	6 h 23	OCTUBRE	1	5 h 50	17 h 31	5 h 51	5 h 50
	7	5 h 20	18 h 28	6 h 33	6 h 35		7	5 h 59	17 h 18	5 h 40	5 h 39
	13	4 h 07	18 h 37	6 h 44	6 h 46		13	6 h 08	17 h 06	5 h 29	5 h 29
	19	4 h 56	18 h 46	6 h 54	6 h 56		19	6 h 17	16 h 54	5 h 19	5 h 18
	25	4 h 44	18 h 54	7 h 05	7 h 05		25	6 h 26	16 h 43	5 h 09	5 h 08
	30	4 h 35	19 h 02	7 h 13	7 h 14		31	6 h 36	16 h 32	4 h 58	4 h 58
MAYO	1	4 h 33	19 h 03	7 h 14	7 h 15	NOVIEMBRE	1	6 h 38	16 h 31	4 h 56	4 h 56
	7	4 h 24	19 h 12	7 h 23	7 h 25		7	6 h 47	16 h 21	4 h 47	4 h 47
	13	4 h 15	19 h 20	7 h 32	7 h 35		13	6 h 57	16 h 13	4 h 38	4 h 38
	19	4 h 07	19 h 28	7 h 40	7 h 41		19	7 h 06	16 h 05	4 h 29	4 h 29
	25	4 h 00	19 h 35	7 h 47	7 h 48		25	7 h 15	15 h 00	4 h 22	4 h 23
	31	3 h 55	19 h 42	7 h 53	7 h 53		30	7 h 22	15 h 56	4 h 17	4 h 17
JUNIO	1	3 h 54	19 h 43	7 h 54	7 h 55	DICIEMBRE	1	7 h 23	15 h 55	4 h 16	4 h 16
	7	3 h 51	19 h 48	7 h 58	7 h 59		7	7 h 31	15 h 53	4 h 11	4 h 11
	13	3 h 49	19 h 53	8 h 01	8 h 03		13	7 h 37	15 h 52	4 h 08	4 h 07
	19	3 h 48	19 h 55	8 h 04	8 h 03		19	7 h 41	15 h 53	4 h 06	4 h 05
	25	3 h 49	19 h 56	8 h 04	8 h 03		25	7 h 45	15 h 58	4 h 05	4 h 04
	30	3 h 52	19 h 56	8 h 02	8 h 02		31	7 h 46	16 h 01	4 h 07	4 h 08

Esta tabla da las horas de los amaneceres y los anocheceres, en París, de seis en seis días. Las columnas tituladas I.S.D. (intervalos semidiurnos) indican el tiempo que transcurre entre el amanecer y el paso del Sol por el meridiano de París (columna AMA.); y el tiempo que transcurre entre el anochecer y el paso del Sol por el meridiano de París (columna ANOCH.). Para saber la hora a la que el Sol pasa por el meridiano, basta con añadir a la hora del amanecer el intervalo semidiurno del amanecer. Ejemplo: 1 de enero: el Sol pasa por el meridiano a las 7 h 46 + 4 h 08, es decir, a las 11 h 54.

LA CORRECCIÓN SEGÚN LAS LATITUDES

I.S.D.	0°	2°	4°	6°	8°	10°	12°	14°	16°	18°	20°	22°	24°	26°	28°
	+	+	+	+	+	+	+	+	+	+	+	+	+	+	+
4 h 00	122	119	115	111	108	104	100	97	93	89	85	81	76	72	67
4 h 10	112	109	106	102	99	95	92	89	85	81	78	74	70	66	61
4 h 20	102	99	96	93	90	87	84	81	77	74	70	67	63	60	56
4 h 30	92	90	87	84	81	78	75	73	70	67	63	60	57	54	50
4 h 40	82	80	77	75	72	70	67	65	62	59	56	53	51	48	44
4 h 50	72	70	68	66	63	61	59	57	54	52	49	47	44	42	39
5 h 00	62	60	58	57	55	53	51	49	47	45	42	40	38	36	33
5 h 10	52	51	49	48	46	44	43	41	39	37	36	34	32	30	23
5 h 20	42	41	40	38	37	36	34	33	32	30	29	27	26	24	22
5 h 30	32	31	30	29	28	27	26	25	24	23	22	21	20	18	17
5 h 40	22	22	21	20	20	19	18	17	16	16	15	14	13	13	12
5 h 50	12	12	12	11	11	10	10	9	9	9	8	8	7	7	6
6 h 00	2	2	2	2	2	2	2	2	2	1	1	1	1	1	1
	−	−	−	−	−	−	−	−	−	−	−	−	−	−	−
6 h 10	8	7	7	7	7	7	6	6	6	6	5	5	5	5	4
6 h 20	18	17	17	16	16	15	15	14	13	13	12	12	11	10	10
6 h 30	28	27	26	25	24	24	23	22	21	20	19	18	17	16	15
6 h 40	38	37	36	34	33	32	31	30	28	27	26	25	23	22	21
6 h 50	48	46	45	43	42	41	39	37	36	34	33	31	30	28	26
7 h 00	58	56	54	53	51	49	47	45	44	42	40	38	36	34	31
7 h 10	68	66	64	62	60	58	56	53	51	49	47	44	42	39	37
7 h 20	78	75	73	71	68	66	64	61	59	56	54	51	48	45	42
7 h 30	88	85	83	80	77	75	72	69	66	64	61	58	55	51	48
7 h 40	98	95	92	89	86	83	80	77	74	71	68	64	61	57	54
7 h 50	108	105	101	98	95	92	89	85	82	78	75	71	67	64	59
8 h 00	118	114	111	107	104	101	97	93	89	86	82	78	74	70	65
8 h 10	128	124	120	117	113	109	105	101	97	93	89	85	80	76	71

I.S.D.	30°	32°	34°	36°	38°	40°	42°	44°	46°	48°	50°	52°	54°	56°	58°	60°
	+	+	+	+	+	+	+	+	+	+	−	−	−	−	−	−
4 h 00	62	57	52	47	41	34	28	20	12	4	6	10	28	42	59	78
4 h 10	57	52	47	42	37	31	25	19	11	3	5	15	25	37	52	68
4 h 20	52	47	43	38	33	28	23	17	10	3	5	13	23	33	46	60
4 h 30	40	43	39	34	30	25	20	15	9	3	4	12	20	29	40	53
4 h 40	41	38	34	30	27	22	18	13	8	2	4	10	18	26	35	40
4 h 50	36	33	30	27	23	20	16	11	7	2	3	9	15	22	30	39
5 h 00	31	28	26	23	20	17	13	10	6	2	3	8	13	19	26	33
5 h 10	26	24	21	19	17	14	11	8	5	1	2	6	11	16	21	27
5 h 20	21	19	17	15	13	11	9	6	4	1	2	5	9	13	17	22
5 h 30	16	15	13	12	10	9	7	5	3	1	1	4	6	9	13	16
5 h 40	11	10	9	8	7	6	5	3	2	1	1	3	4	6	9	11
5 h 50	6	5	5	4	4	3	3	2	1	0	1	1	2	3	5	6
6 h 00	1	1	1	1	0	0	0	0	0	0	0	0	0	0	1	1
	−	−	−	−	−	−	−	−	−	−	+	+	+	+	+	+
6 h 10	4	4	3	3	3	2	2	1	1	0	0	1	2	3	3	4
6 h 20	9	8	8	7	6	5	4	3	2	1	1	2	4	6	8	10
6 h 30	14	13	12	10	9	8	6	4	3	1	2	3	6	9	12	15
6 h 40	19	17	16	14	12	10	8	6	4	1	2	5	8	12	16	20
6 h 50	24	22	20	18	15	13	10	8	5	1	2	6	10	15	20	26
7 h 00	29	27	24	21	19	16	13	9	6	2	3	7	12	18	24	32
7 h 10	34	31	28	25	22	19	15	11	7	2	3	8	15	21	29	38
7 h 20	39	36	33	29	25	21	17	13	8	2	4	10	17	25	34	44
7 h 30	45	41	37	33	29	24	19	14	9	3	4	11	19	28	39	51
7 h 40	50	46	42	37	32	27	22	16	10	3	4	13	22	32	44	58
7 h 50	55	51	46	41	36	30	24	18	11	3	5	14	25	36	50	66
8 h 00	61	56	51	45	40	33	27	20	12	4	5	16	28	41	57	76
8 h 10	66	61	55	49	43	37	30	22	13	4	6	18	31	46	64	87

Las correcciones se expresan en minutos. De este modo, 122 = 122 minutos o 2 h 02 minutos: la corrección se suma al amanecer y se resta al anochecer. La corrección (-) se resta al anochecer y se suma al amanecer. Si Montreal está en la latitud 45º 38, usted tiene que hacer la media. Por ejemplo: I.S.D. = 4 h 00. Latitud 44º + 20, latitud 46º + 12. Latitud 45º = (+20) - (+12) = + 8/2 = + 12 + 4 = 16.

EL CICLO ASTROLÓGICO

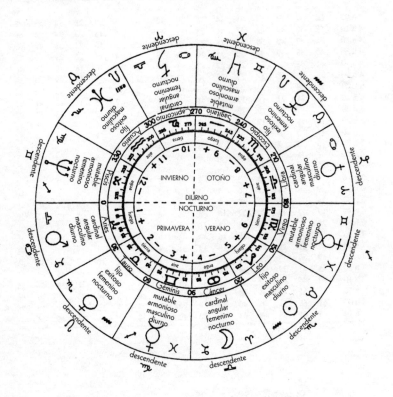

204

DIARIO DE LOS SUEÑOS

Fecha del sueño: _____ *Corresponde al día n°* ____ *de Alberto*

Descripción del sueño: _____
_____
_____
_____
_____

Este sueño es:

Benéfico _____	Sin efecto _____	Con efecto _____
Negativo _____	Feliz _____	Desgraciado _____
Inútil _____	Se realizará ____	Advertencia _____

Análisis del sueño: _____
_____
_____
_____
_____

Puntos fuertes: _____
_____

Puntos débiles: _____
_____

Conclusión: _____
_____
_____

LUNAS NUEVAS PARA EL AÑO 1998

Luna nueva (LN) ... 12 de enero
Luna llena (Lll) ...... 28 de enero
LN .... 11 defebrero
Lll .... 26 de febrero
LN .... 13 de marzo
Lll .... 28 de marzo
LN .... 11 de abril
Lll .... 26 de abril
LN .... 11 de mayo
Lll .... 25 de mayo
LN .... 10 de junio
Lll .... 24 de junio
LN .... 9 de julio
Lll .... 23 de julio
LN .... 8 de agosto
Lll .... 22 de agosto
LN .... 6 de septiembre
Lll .... 20 de septiembre
LN .... 5 de octubre
Lll .... 20 de octubre
LN .... 4 de noviembre
Lll .... 19 de noviembre
LN .... 3 de diciembre
Lll .... 18 de diciembre

Bibliografía

AGRIPPA, E. C. *Filosofía oculta: magia natural,* Alianza, 1992.

AMBELAIN, R. *La talismane pratique.*

BARDON, F. *Initiation magique,* D. Ruggeberg Éd., 1994.

BARDON, F. *Magie évocatoire,* D. Ruggeberg Éd., 1990.

BÉLANGER, R. L. *Manuel de magie pratique,* Éd. de Vecchi, 1989.

BERSEZ, J. *Ritual vudú del fuego y de las candelas mágicas,* Decálogo 1991.

BETTAHAR, Jinn. *Rituels de magie,* Éd. de Mortagne, 1993.

BOLCHINI, A. *Guía de la magia blanca,* De Vecchi, 1995.

BRIEZ, D. *La science des Chakhras,* Éd. de Mortagne, 1994.

CAMAYSAR. *La magie des cierges et de l'encens,* Éd. de l'Aigle, 1990.

CARADEAU, J.-L. *Les rites de la Lune,* Librairie de l'inconnu, 1991.

CARADEAU, J.-L. *Les carrés magiques des 72 Génies,* Éd. Librairie de l'inconnu, 1991.

CARADEAU, J.-L. *L'usage des poudres et encens en magie et théurgie,* Éd. Librairie de l'inconnu, 1991.

CARADEAU, J.-L. *El gran libro de las velas y candelas,* Robinbook, 1997.

CARADEAU, J.-L. et Donner, C. *Guía práctica de la magia*, Robinbook, 1996.

COUTELA, D. et J. *100 recettes de magie pratique*, Guy Trédaniel Éd., 1989.

D'ESTISSAC, M. *De l'usage des herbes, podres et encens en magie*, 1992.

DONNER, Cécile. *L'extraordinaire pouvoir des bougies magiques*, Éd. Librairie de l'inconnu, 1992.

DUEZ, Joël. *Haute magie opérative et initiatique*, Éd. Librairie de l'inconnnu, 1991.

GILBERTE, E. *Plantes magiques et sorcellerie*, Gutenbreg Reprint.

HAZIEL. *Le grand livre de la cabale magique*, Éd. Bussière, 1989.

HAZIEL. *Connaissance et povoir*, Éd. François de Villac, 1988.

HAZIEL. *Horoscope de l'âme et du comportement*, Éd. Bussière.

HAZIEL. *Grand Albert, Petit Albert*, Belfond.

HAZIEL. *Le guide de l'ésotérisme*, Éd. du Phoenix.

LAROCQUE, R. *Magie, initiation et pouvoirs*.

LE GWEN, G. *Rituels pratiques d'angéologie*.

LENAIN, L.-R. *La ciencia cabalística*, Humanitas, 1990.

LÉVI, E. *Les mystères de la Kabbale*, Paris, 1932.

LÉVI, E. *Magie et sciences occultes*. MANASSÉ, B. *Rituel de magie blanche*, La Diffusion scientifique, 1973.

MORYASON, A. *La lumière sur le royaume*, 1986.

MUCHERY, G. *Magie, moyens occultes d'action occulte*, Éd. Chariot.

NOBIS J.-C. *Le livre de l'aura*, Éd. Recto-Verseau, 1992.

PEGASO, O. *Gran libro de la magia y de la brujería*, De Vecchi, 1995.

RIBADEAU-DUMAS, F. *Grimoiries et rituels magiques*, Belfond, 1980.

SALAZAR, *Magie des huiles et des encens*.

SANTONI, F. *Éphémerides de la Lune noire*, Éd. du Phoenix.

TORRES, M. y HOREVOETS, T. *Traité de la magie blanche*, Éd. du Phoenix.

TORRES, M. y HOREVOETS, T. *Les 84 encens magiques*, Éd. du Phoenix, 1985.

VINCI, Leo. *La magia de las velas*, Edaf, 1987.

VINCI, Leo. *L'encens*, Éd. du Phoenix.

Índice